Kriegsnotrecht

für

Miet- und Pachtverhältnisse

Zweite Folge

Erläutert von

Dr. Fritz Kiefersauer

1941

J. Schweitzer Verlag, Berlin und München

Kriegsnotrecht

für

Miet- und Pachtverhältnisse

Zweite Folge

Erläutert von

Dr. Fritz Kiefersauer

Stand vom 1. Februar 1941

1941

J. Schweitzer Verlag, Berlin und München

Druck von Dr. F. P. Datterer & Cie., Freising-München.

Inhaltsübersicht.

Einleitung.

Zu dem Kriegsnotrecht für Miet- und Pachtverhältnisse vom Jahre 1939 wird hiermit innerhalb Jahresfrist eine **Zweite Folge** — Zitierweise etwa: Kriegsnotrecht (II) — vorgelegt.

Der Rechtsstoff auf dem Gebiete des **Raummietrechts** und des **Raumpachtrechts** — letzteres soweit es in die mietrechtlichen Preisbildungs- und Bestandschutzbestimmungen einbezogen ist — wird mit dem vorliegenden Bändchen in Ergänzung meines **Reichsmietengesetzes** und meines **Mieterschutzrechtes,** die beide im Jahre 1939 in 6. Auflage erschienen sind, auf den Stand vom 1. Februar 1941 gebracht.

Auf dem Gebiete des Mieterschutzrechtes hat die Fünfte Ausführungsverordnung vom 14. August 1940 neben einigen Änderungen der Dritten Ausführungsverordnung zwei wesentliche Neuerungen gebracht, nämlich

1. die Ausdehnung des Mieterschutzes auf gewerblich genutzte unbebaute Grundstücke und
2. eine der Erleichterung seiner Durchführung dienende Regelung des Wohnungstausches.

Die Zuständigkeit des Reichskommissars für die Preisbildung hat nach der im Einverständnis mit dem RfPr. angeordneten Außerkraftsetzung der Kündigungsschutzverordnung durch § 8 Abs. 2 der Dritten Ausführungsverordnung keine weitere Änderung erfahren. Die wichtigste Rechtsgrundlage für die Erhöhung oder Herabsetzung von Miet- und Pachtzinsen bleibt der RE. 184/37, der in meinem Reichsmietengesetz S. 131—199 die bisher ausführlichste Erläuterung erfahren hat. Die Durchführung dieses RE. 184/37 ist durch den RE. 55/40 vom 5. Mai 1940 unter Anpassung an die besonderen Bedingungen des Krieges den Preisbehörden erneut zur Pflicht gemacht. Die bei der Einrichtung endgültiger Luftschutzräume in bestehenden Gebäuden notwendige Erhöhung des Mietpreises ist im RE. 56/40 vom 10. Mai 1940 geregelt, Abschnitt B.

Eine ausführliche Erläuterung haben die für das Miet- und Pachtrecht bedeutsamen Vorschriften der Vertragshilfeverordnung vom 30. November 1939 erfahren, deren Zusammenhänge mit der Verordnung über die Bewilligung von Zahlungsfristen in Rechtsstreitigkeiten vom 7. Oktober 1939 und der Verordnung über das Kriegsausgleichsverfahren vom 30. November 1939 klargestellt wurden. Eine bedeutsame Ergänzung der Vertragshilfe des Richters bilden die Vorschriften über die Gewährung von Beihilfen zur Mietzahlung bei gewerblichen Räumen des Handels sowie über die Gemeinschaftshilfe der Wirtschaft und der Reichsgruppe Fremdenverkehr, vgl. Vorbem. IV zu Abschnitt C.

Den Abschluß bildet eine Erläuterung der Vorschriften über die Umwandlung von Wohnungen in Räume anderer Art, Abschnitt D.

Den Bedürfnissen der Praxis entsprechend wurden die Vorschriften über die Umwandlung von Wohnungen in Räume anderer Art neu aufgenommen und in Abschnitt D erläutert.

Den Abschluß bildet die Erweiterung der zwangsweisen Durchführung von Instandsetzungsarbeiten auf Grund des Gesetzes zur Änderung des Reichsmietengesetzes, Abschnitt E.

A. Mieterschutzrecht.

Vorbemerkung.

I.

Bei Zahlungsverzug des Mieters ist der Vermieter gemäß § 3 MSchG. befugt, Klage auf Aufhebung des Mietverhältnisses zu erheben. Nach Art. 9 der VO. über Maßnahmen auf dem Gebiete des bürgerlichen Streitverfahrens usw. vom 1. Sept. 1939 (RGBl. I S. 1656) galten die besonderen Rechtsfolgen der Nichterfüllung oder nicht rechtzeitigen Erfüllung als nicht eingetreten. Diese Rechtsfolge, die für die Anwendung des § 3 MSchG. zu beachten war — Kriegsnotrecht S. 6 —, gilt seit dem 3. Dez. 1939 nicht mehr, da Art. 9 durch § 9 VHV. ersetzt ist, § 32 VHV. Von diesem Zeitpunkt entfallen die Säumnisfolgen des Schuldners nicht mehr von selbst, sondern nur dann und nur insoweit, als dies der Vertragshilferichter auf Antrag des Schuldners ausspricht. Soweit dies geschieht, wird im Rahmen des § 9 Abs. 4 VHV. das Recht des Vermieters auf Aufhebung des Mietverhältnisses nicht beseitigt, vgl. 2 zu § 25 VHV.

In verfahrensrechtlicher Hinsicht ist seit dem 9. Oktober 1940, d. i. dem Inkrafttreten der Verordnung zur Änderung der Vereinfachungs-Verordnung vom 18. Sept. 1940 (RGBl. I S. 1253) insofern eine Änderung eingetreten, als die Zuständigkeit des Landgerichts in Berufungssachen, die vorübergehend dem Oberlandesgericht zugewiesen waren, wiederhergestellt ist, § 1 der 2. VereinfV. Das Landgericht entscheidet nunmehr auch wieder über die sofortige Beschwerde, die dem Oberlandesgericht für die Dauer der Vereinfachungs-Verordnung durch § 1 Vierte AusfVKGVO. — Kriegsnotrecht S. 8, 63 — übertragen worden war. In Berufungs- und Beschwerdesachen entscheiden die Zivilkammern der Landgerichte wieder in der Besetzung mit drei Mitgliedern, § 2 der 2. VereinfV. Hat nach Landesrecht die Zivilkammer über die Rechtsbeschwerde zu entscheiden, so entscheidet es — wie bisher, Kriegsnotrecht S. 9 — in der Besetzung mit drei Richtern. Zur 2. Vereinfachungs-Verordnung vgl. Staud und Stagel DJ. 1940, 1069, 1070.

II.

Die Lockerungen des Kündigungsschutzes, die das Gesetz über Mietverhältnisse mit Juden vom 30. April 1939 — Kiefersauer, Mieterschutzrecht, 6. Aufl. S. 239 — gebracht hat, finden grundsätzlich keine Anwendung, wenn Mieter und Vermieter Juden sind (§ 1 Satz 2, § 2). Diese Regelung hat in Gemeinden zu Schwierigkeiten geführt, in denen wie z. B. in Berlin und Wien zahlreiche Juden als Mieter und Vermieter vorhanden sind oder in denen auf Grund des Gesetzes über die Neugestaltung deutscher Städte vom 4. Oktober 1937 — Kiefersauer, Grundstückverkehrsrecht, 2. Aufl. S. 168 — auf Anordnung des Führers städtebauliche Maßnahmen durchzuführen sind.

Die Verordnung zur Änderung und Ergänzung des Gesetzes über Mietverhältnisse mit Juden vom 10. Sept. 1940 (RGBl. I S. 1235) hat deshalb die in diesem Gesetz vorgesehene Erleichterung der Kündigung auch auf Mietverhältnisse zwischen Juden und Juden ausgedehnt und zwar

1. für die Reichshauptstadt Berlin, die Hauptstadt der Bewegung München und die Stadt Wien sofort in Kraft gesetzt und
2. für Gemeinden, in denen der Führer die Durchführung städtebaulicher Maßnahmen angeordnet hat, die Inkraftsetzung der Ausdehnung durch Anordnung des Reichsarbeitsministers vorgesehen.

III.

Mieterschutz ist grundsätzlich Bestandschutz d. h. Schutz des Mieters (Pächters) in seinem Raumnutzungsrecht. Darüber hinaus können besondere Verhältnisse die Wiederherstellung eines durch Kündigung des Mieters (Pächters) oder durch dessen Berufung auf die Beendigung des Miet(Pacht)verhältnisses nach § 1n MSchG. aufgehobenen Miet(Pacht)-verhältnisses notwendig machen. Für die auf behördliche Anordnung freigemachten Teile des Regierungsbezirkes Trier, des Saarlandes, der Pfalz und der Stadt Kehl — Freimachungsgebiet — hat die Verordnung über die Behandlung von Miet- und Pachtverträgen über Räume aus Anlaß der Freimachung der westlichen Grenzgebiete vom 15. Juli 1940 (RGBl. I S. 995) folgende Bestimmungen im Interesse des Mieters oder Pächters von Räumen getroffen:

1. Miet(Pacht)verhältnisse über Räume im Freimachungsgebiet, die vom Mieter (Pächter) aus Anlaß der Freimachung gekündigt oder durch seine Berufung gemäß § 1n MSchG. beendigt worden sind, werden wiederhergestellt
   a) wenn die Räume bis zum Eingang der Erklärung beim Vermieter (Verpächter) noch nicht neu vermietet (verpachtet) worden sind: durch fristgebundene schriftliche Erklärung des Mieters (Pächters) gegenüber dem Vermieter (Verpächter), daß er das Miet(Pacht)verhältnis fortsetzen wolle (§ 1);
   b) wenn die Räume in der Zwischenzeit (s. oben) bereits neu vermietet (verpachtet) worden sind, kann der Mieter (Pächter) im Wege der Vertragshilfe beim Richter die Aufhebung der Wirkung der Kündigung oder seiner Berufung auf die Beendigung des Miet(Pacht)verhältnisses, die Auflösung des neuen Miet(Pacht)verhältnisses und die Herausgabe der Räume an den Antragsteller beantragen; für das Verfahren gelten die Vorschriften der Vertragshilfeverordnung — Vorbem. I zu Abschnitt C — (§ 2).
2. Hat der Mieter (Pächter), ohne zu kündigen oder sich auf die Beendigung des Mietverhältnisses zu berufen, Miet(Pacht)räume im Freimachungsgebiet während der Freimachungszeit geräumt, so kann der Mieter (Pächter), weil das Rechtsverhältnis fortbesteht, die Räume jederzeit in Besitz nehmen. Zur Klärung der Rechtslage bestimmt § 3, daß das Miet(Pacht)verhältnis vom 31. Oktober 1940 ab als erloschen gilt, wenn nicht der Mieter (Pächter) bis zu diesem Zeitpunkt entweder die Räume wieder in Benutzung genommen oder dem Vermieter erklärt hat, daß er das Miet(Pacht)verhältnis fortsetzen wolle (§ 3).
3. Dem von der Freimachung betroffenen Mieter (Pächter) ist hinsichtlich der von ihm außerhalb des Freimachungs-

gebietes gemieteten (gepachteten) Räume ein außerordentliches Kündigungsrecht ohne Einhaltung einer bestimmten Frist grundsätzlich für den Ablauf des ersten Monats eingeräumt, für den ihm die zuständige Behörde die Rückkehr in das Freimachungsgebiet erlaubt hat (§ 4).

Fünfte Verordnung zur Ausführung der Verordnung über Kündigungsschutz für Miet- und Pachträume.

Vom 14. August 1940 (RGBl. I S. 1104).

Die Fünfte AusfVKSchVO. bringt

1. Änderungen der §§ 4, 5 der Dritten AusfV., insofern durch die §§ 3, 4 dieser Verordnung eine bestimmte, von der bisherigen Praxis abweichende Rechtsanwendung vorgeschrieben wird;
2. eine nicht unbedeutende Ausdehnung des Mieterschutzes, insofern z. T. rückwirkend Miet- und Pachtverhältnisse über gewerblich genutzte unbebaute Grundstücke dem Kündigungsschutz unterstellt werden, § 2;
3. eine auf die Erleichterung des Wohnungstausches abzielende Neuregelung des Wohnungstausches, § 1.

Die Fünfte Ausführungsverordnung ist am 16. August 1940 in Kraft getreten, 4 zu § 2.

Auf Grund des Artikels I der Verordnung über Kündigungsschutz für Miet- und Pachträume vom 28. August 1937 (Reichsgesetzbl. I S. 917)[1] und der Verordnung über Kündigungsschutz für Miet- und Pachträume in der Ostmark und im Reichsgau Sudetenland vom 31. August 1939 (Reichsgesetzbl. I S. 1602)[2] wird folgendes verordnet:

1. Kiefersauer, Mieterschutzrecht, 6. Aufl. S. 142.

2. Kriegsnotrecht S. 51. Für die Reichsgaue der Ostmark und für den Reichsgau Sudetenland gelten die Ausfüh-

rungsvorschriften der beiden Verordnungen vom 5. Sept. 1939 (RGBl. I S. 1671, 1673) — Kriegsnotrecht S. 52 und 56 —, die durch die Fünfte AusfVO. eine Ergänzung und Änderung erfahren.

§ 1

Wohnungstausch[1]

(1) Will der Mieter einer Wohnung[2], statt[3] zu kündigen oder sich auf die Beendigung des Mietverhältnisses zu berufen, die Mieträume[4] einem Dritten[5] im Wege des Tausches überlassen, so kann das Mieteinigungsamt[9] auf Antrag des Mieters[7] die zum Eintritt des Dritten in den Mietvertrag erforderliche Einwilligung des Vermieters[8] ersetzen. Der Antrag ist abzulehnen, wenn der Vermieter dem Verlangen des Mieters aus wichtigen Gründen widerspricht[9].

(2) Entspricht das Mieteinigungsamt dem Antrag, so gilt der Eintritt des neuen Mieters in den Mietvertrag[10] in dem Zeitpunkt als vollzogen, in dem der Mieter die Wohnung räumt.

(3) Der bisherige Mieter haftet für die Verpflichtungen, die während seiner Mietzeit entstanden sind, neben dem neuen Mieter weiter.

(4) Die Wirkungen der Entscheidung, durch die die Erlaubnis des Vermieters ersetzt worden ist, treten nur ein, wenn für jeden am Tausch beteiligten Mieter die Erlaubnis seines Vermieters zum Eintritt eines der Mieter in den Mietvertrag vorliegt[11].

(5) An Stelle des Mieteinigungsamts entscheidet in den Reichsgauen der Ostmark die Mietkommission. Im Reichsgau Sudetenland und den in die Reichsgaue Niederdonau und Oberdonau eingegliederten sudetendeutschen Gebieten entscheidet das Amtsgericht im

außerstreitigen Verfahren; gegen die Entscheidung des Amtsgerichts findet binnen acht Tagen der Rekurs statt; die Entscheidung über den Rekurs ist unanfechtbar.

1. Der **Wohnungstausch** ist kein feststehender und festumgrenzter Rechtsbegriff, bezeichnet vielmehr zunächst lediglich einen tatsächlichen Vorgang. Rechtlich bedeutet der Wohnungstausch in der Regel nichts anderes als den Eintritt des Tauschpartners in das bereits bestehende und fortzusetzende Mietrechtsverhältnis des Tauschgegners mit dem Abmaße, daß gleichzeitig der bisherige Mieter aus dem Mietverhältnis ausscheidet, Staudinger-Kiefersauer Vorbem. 56 vor § 535. Diese Form des Wohnungstausches wird wie in § 8 WMG. so auch hier behandelt, vgl. KG. 17 Y 109/26, Hertel Nr. 308 = EA. 546; Kiefersauer LZ. 1924, 581 sowie Grundstücksmiete. 4. Aufl. S. 418.

Das Reichswohnungsmangelgesetz vom 26. Juli 1923 (RGBl. I S. 751) hat in § 8 erstmals den Wohnungstausch insofern geregelt, als es die Tauschparteien verpflichtete, die Genehmigung der beteiligten Gemeindebehörden vor Durchführung des Tausches einzuholen; dabei mußte die schriftliche Zustimmung der beteiligten Vermieter vorgelegt werden. Wesentlich war die Bestimmung, daß bei Versagung der Zustimmung des Vermieters diese auf Antrag des Mieters durch die Entscheidung des Mieteinigungsamtes ersetzt werden konnte. In entsprechender Anwendung des § 29 Abs. 1 Satz 2 MSchG. sollte das Mieteinigungsamt die Zustimmung versagen, wenn sie vom Vermieter aus einem wichtigen Grund verweigert worden ist, Kiefersauer, Grundstücksmiete, 4. Aufl. 1932 S. 420. Mit der Aufhebung des Reichswohnungsmangelgesetzes seit 1. April 1933 — Staudinger-Kiefersauer, Vorbem. 205 vor § 535 — ist diese gesetzliche Regelung des Wohnungstausches in Wegfall gekommen.

Die zunehmende Verknappung des Wohnraums hat die praktische Bedeutung des Wohnungstausches für Mieter in den Vordergrund gerückt, die aus irgend einem Grund (berufliche Versetzung an einen anderen Ort, Vergrößerung oder Verkleinerung der Familie, Änderung der Einkommensverhältnisse, Änderung der Lage der Berufsstätte usw.) ihre Wohnung wechseln müssen. Die Aufgabe der bisherigen Wohnung durch den Mieter ist in den meisten Fällen nicht zweckmäßig, weil der Mieter Gefahr läuft, bei Räumung der bisherigen Wohnung in eine neue Wohnung nicht einziehen zu können. Deshalb will er tauschen, d. h. sein Wohnrecht gegen Überlassung eines anderen Wohnrechts abgeben. Durch den Wohnungstausch werden aber die Belange des Vermieters auf das stärkste berührt; der Wechsel des Mieters bedarf seiner Zustimmung, vgl. unten 8. Die Erteilung oder Verweigerung der Zustimmung ist zunächst in das freie Ermessen des Vermieters gestellt. Die Versagung der Zustimmung (Einwilligung) kann und darf aber keine willkürliche sein. Die Nachprüfung dieser Entschließung des Vermieters unter dem Gesichtspunkt der Erleichterung des Wohnungstausches ist die Aufgabe, die § 1 dem Mieteinigungsamt gestellt hat. Berechtigte Belange des Vermieters z. B. hinsichtlich der Erfüllung finanzieller Verpflichtungen durch den neuen Mieter sind bei der Entscheidung des MEA. ebenso zu berücksichtigen wie die Erfordernisse der Aufrechterhaltung des Friedens der Hausgemeinschaft. Darüber hinaus hat das Mieteinigungsamt bei seiner Entscheidung auch den Grundsätzen des nationalsozialistischen Staates über die bevorzugte Unterbringung kinderreicher Familien Geltung zu verschaffen, vgl. unten 5.

2. Die Vorschrift des § 2 bezieht sich nur auf selbständige, in sich abgeschlossene **Wohnungen** innerhalb des Reichsgebietes — Einl. 2 —, nicht auf Geschäftsräume und andere Nichtwohnräume, vgl. Mieterschutzrecht, 6. Aufl. S. 170. Dient eine Wohnung sowohl Wohn- wie Geschäftszwecken, so ist § 1 anwendbar, wenn der Wohnzweck überwiegt, vgl. KG. 17 Y 159/24 und 13/29 Hertel Nr. 118 und 504, KG. 17 Y 38/30 GrundE. 1930, 1088. Ein Tausch zwischen Wohn- und Geschäftsräumen ist unzulässig, KG. 17 Y 34/27 Hertel Nr. 337. Unerheblich ist, ob die Tauschwohnungen in Neubauten oder Altbauten sich befinden ob es sich um mieterschutzfreie oder um mieterschutzpflichtige Wohnungen handelt. Daß die Wohnung zur Führung eines selbständigen Haushalts geeignet sein, sich also räumlich und wirtschaftlich als eine abgeschlossene Wohnung darstellen muß, dürfte auch ohne ausdrückliche Bestimmung — § 8 WMG. lautete: „selbständige benutzte Wohnung" — anzunehmen sein, vgl. KG. 17 Y 83/27 Hertel Nr. 382. Die Benutzung der Wohnung braucht nicht eine tatsächliche zu sein; es genügt die rechtliche Verfügungsmacht — unten 3 —, so daß schon vor dem Einzug in die Wohnung des Mieters getauscht werden kann, KG. 17 Y 31/26 Hertel Nr. 250. Ist die Wohnung von mehreren Per-

sonen gemeinschaftlich gemietet, so kann jeder Mieter für sich allein den Antrag auf Ersatz der Einwilligung des Vermieters nach Abs. 1 stellen, KG. 17 Y 83/27 Hertel Nr. 382.

3. Der Wohnungstausch setzt den **Fortbestand des Mietverhältnisses** auf Seite der Tauschpartner voraus. Der Mieter will seine Wohnung nicht aufgeben, er will das Mietverhältnis nicht beendigen, sondern über das ihm zustehende Mietrecht zugunsten eines anderen Mieters verfügen. Es soll nur ein Wechsel in der Person des Mieters eintreten; im übrigen bleibt das Mietrechtsverhältnis durch den Tausch als solchen unberührt, vgl. unten 10.

Diese Feststellung ist wichtig im Hinblick auf ein etwa zwischen dem Mieter als Untervermieter und einem Dritten als Untermieter bestehendes Untermieterverhältnis. Dieses **Untermietverhältnis** wird in seinem Bestand von dem Wohnungstausch an sich nicht berührt. Eine Beendigung des Untermieterverhältnisses tritt durch den Wohnungstausch nicht ein, KG. 17 Y 8/28 EA. 668 = Hertel Nr. 392. Der neue Mieter muß deshalb grundsätzlich den Untermieter mitübernehmen, soweit zwischen diesem und dem neuen Mieter nicht eine andere vertragliche Vereinbarung getroffen wird, unten 10.

Der Wohnungsinhaber, der tauschen will, muß die Verfügungsfreiheit über die Wohnung in allen ihren Teilen besitzen. Wenn daher das Mietverhältnis durch Kündigung des Mieters oder durch rechtskräftiges Mietaufhebungsurteil im Zeitpunkt der Entscheidung des Mieteinigungsamtes sein Ende gefunden hat — vgl. KG. 17 Y 148/24 Hertel Nr. 95 = EA. 373 und KG. 17 Y 11/30 DMR. S. 985 —, oder wenn der Mieter sich dem Vermieter gegenüber vertraglich zur sofortigen Räumung verpflichtet hat — vgl. KG. 17 Y 89/27 Hertel Nr. 385 = EA. 658 und KG. 17 Y 12/30 DMR. S. 998 —, so ist die Durchführung des Tauschverfahrens auf dem in § 1 vorgesehenen Wege nicht möglich. In diesen Fällen kann der Vermieter mit dem neuen Mieter einen neuen Mietvertrag abschließen; dieser Vertragsabschluß kann durch eine Entscheidung das MEA. nicht ersetzt werden.

Zur Verfügungsfreiheit über die Wohnung gehört auch die Kündbarkeit. Der Tausch soll an die Stelle der Aufhebung des Mietverhältnisses treten. § 1 Abs. 1 Satz 1 geht ausdrücklich davon aus, daß der Mieter ein ihm nach Vertrag oder Gesetz zustehendes Kündigungsrecht oder — bei mieterschutzpflichtigen Wohnungen — die mögliche Berufung auf die Beendigung des Mietverhältnisses — § 1n MSchG., Mieterschutzrecht S. 39 — nicht geltend macht und statt dessen einen Wohnungstausch durchführen will. Soweit daher der Mieter nicht berechtigt ist — vertragsgemäß, gesetzlich, ordentlich oder außerordentlich (§§ 569, 570 BGB.) — zu kündigen oder sich auf die Beendigung des Mietverhältnisses zu berufen, kann er nicht tauschen und einen Antrag auf Ersatz der Einwilligung des Vermieters beim Mieteinigungsamt nicht stellen. Eine Mitteilung der Tauschabsicht an den Vermieter bereits in dem Zeitpunkt der ersten Kündigungsmöglichkeit ist nicht notwendig. Im Zeitpunkt der Wirksamkeit des Tausches muß dem Mieter nach allgemeinen Grundsätzen die Lösung des Mietverhältnisses möglich gewesen sein. Eine vorzeitige Entlassung des Mieters aus dem Mietverhältnis soll dem Vermieter durch die Regelung des Wohnungstausches nach § 1 nicht zugemutet werden, Rexroth DWohnW. 1940, 268. Der Antrag nach Abs. 1 kann vom Mieter bereits vor Ablauf der Kündigungsfrist gestellt werden. Die Entscheidung des Mieteinigungsamtes kann auch nach Ablauf des Kündigungstermines oder der vereinbarten Zeitdauer ergehen, sofern nur der Antrag auf Entscheidung vorher gestellt worden war, KG. 17 Y 17/27 Hertel Nr. 323. Bei der Ermittlung des frühesten **Kündigungstermines** sind die Grundsätze des Gesetzes über die Auflockerung der Kündigungstermine bei Mietverhältnissen über Wohnräume vom 24. März 1938 (RGBl. I S. 306) zu beachten, vgl. Mieterschutzrecht, 6. Aufl. S. 169.

Die Verfügungsfreiheit des Mieters über den Wohnraum wird durch das Bestehen eines **Untermietverhältnisses** eingeschränkt. Soweit dieses nicht vor dem Zeitpunkt der Wirksamkeit des Wohnungstausches vom bisherigen Mieter als Untervermieter rechtswirksam — Mieterschutzrechte des Untermieters sind im Rahmen des § 2 Abs. 2 Dritte AusfV. zu beachten — gelöst worden ist und auch durch Vereinbarung zwischen dem neuen Mieter und dem Untermieter nichts anderes bestimmt wird, muß der neue Mieter den Untermieter mitübernehmen, s. oben. Die Tauschbefugnis des Mieters entfällt nicht dadurch, daß der Mieter einen Teil der Wohnung untervermietet hat.

Nicht nur der Hauptmieter, sondern auch der **Untermieter**

ist zum Wohnungstausch befugt, sofern dem Untermieter eine selbständige Wohnung im ganzen überlassen worden ist. Familienangehörige des Mieters, die er als solche in seine Wohnung aufgenommen hat, haben keine Tauschbefugnis, KG. 17 Y 143/25 Hertel Nr. 205.

4. Nur **Mieträume** kommen für den Wohnungstausch in Frage; auf Pachtverhältnisse findet § 1 keine Anwendung. Dagegen fällt der Tausch der von einem Hausbesitzer bewohnten Räume unter § 1, vgl. KG. 17 Y 7/28 Hertel Nr. 395. Auch Nießbraucher von Wohnungen und Dienstwohnungsinhaber können ihre Wohnungen tauschen. Soweit die Wohnung des Hauseigentümers in Betracht kommt, entfällt das Erfordernis der Einwilligung des Vermieters und damit auch die Ersetzung durch das MEA. Eine Ersetzung der Einwilligung des Vermieters ist auch nicht möglich bei Dienstwohnungen, so daß für die Dienstwohnungsinhaber und Nießbraucher die Anwendung des § 1 praktisch nicht in Frage kommt.

5. Die Auswahl des **Dritten** steht zunächst dem Mieter zu. Zu beachten ist aber, daß die Preisbehörde für ihren Bezirk oder für einzelne Gemeinden bestimmen kann, daß der Vermieter eine angemessene Anzahl von Wohnungen bei Freiwerden **an kinderreiche Familien** zu vermieten hat. Soweit eine solche Bestimmung getroffen ist — vgl. hierher 5 zum RE. 55/40 —, gilt die Verpflichtung des Vermieters auch für den Wohnungstausch, obwohl hier von einem Freiwerden der Wohnung nicht gesprochen werden kann. Das Mieteinigungsamt hat daher vor einer Entscheidung nach § 1 festzustellen, ob für die Gemeinde eine Anordnung der Preisbehörde auf Grund der Verordnung des Reichskommissars für die Preisbildung zur Erleichterung der Wohnungsbeschaffung für kinderreiche Familien vom 20. April 1939 (RGBl. I S. 815) — Mieterschutzrecht 6. Aufl. S. 276, 309 — gilt, weiterhin ob diese Tauschwohnung nach § 2 der Durchführungsverordnung vom 15. Juni 1939 (RGBl. I S. 1034) von der Inanspruchnahme für kinderreiche Familien nicht ausgenommen ist. Soweit hiernach die Wohnung für die Unterbringung kinderreicher Familien überhaupt noch in Frage kommt, könnte noch die Freigabe der Wohnung durch die Preisbehörde im Einzelfall gemäß § 4 DurchfV. in Betracht kommen. Zu **§ 4 der DurchfVO.** vom 13. Juni 1939 bestimmt

Ziff. 22 des RE. Nr. 53/39 vom 15. Juni 1939 (MittBl. I S. 238) folgendes:

„(22) Bei der Prüfung von Anträgen auf Freigabe einer Wohnung sollen die Preisbehörden nicht kleinlich verfahren. Eine Freigabe soll insbesondere nach Möglichkeit bewilligt werden, wenn die Wohnung an jungverheiratete Eheleute oder junge Ehepaare mit ein bis zwei Kindern vermietet werden soll, oder wenn sie nur auf Grund eines Wohnungstausches frei wird.... Eine Freigabe soll außerdem erfolgen, wenn bei der Vermietung an eine kinderreiche Familie die nach der Wohnungsordnung zulässige Belegungsgrenze überschritten werden würde oder die Wohnung aus anderen Gründen für die Aufnahme einer kinderreichen Familie nicht geeignet ist."

Die nach Abs. 1 erforderliche Entscheidung des Mieteinigungsamtes — unten 6 — darf in Gemeinden, in denen eine Anordnung zugunsten kinderreicher Familien getroffen ist, nur erfolgen, wenn der Tauschpartner selbst kinderreich im Sinne der Verordnung vom 15. Juni 1939 ist oder wenn die Wohnung nach § 2 oder durch Freigabe der Preisbehörde nach § 4 nicht für die Unterbringung kinderreicher Familien in Anspruch genommen werden kann, vgl. 5 zum RE. 55/40.

Die hier vertretene Auffassung wird auch in der Gemeinschaftlichen Verfügung des Reichsjustizministers, des Reichsarbeitsministers und des Reichskommissars für die Preisbildung vom 16. Nov. 1940 — DJ. S. 1294; RE. Nr. 149/40 vom 14. Dez. 1940 (MittBl. I S. 882) — zum Ausdruck gebracht (Abs. 1) und weiterhin bestimmt:

„In Ziffer 22 meines Runderlasses Nr. 53/39 vom 15. Juni 1939 habe ich, der Reichskommissar für die Preisbildung, bereits bestimmt, daß die Freigabe nach Möglichkeit bewilligt werden soll, wenn die Wohnung auf Grund eines Wohnungstausches frei wird. Dieser Grundsatz gilt ebenfalls für diejenigen Fälle, in denen die Erlaubnis des Vermieters zum Wohnungstausch durch das Mieteinigungsamt (die Mietkommission, das Amtsgericht) ersetzt werden soll.

Der Antrag auf Freigabe kann in Abweichung von § 4 der Durchführungsverordnung vom 15. Juni 1939 von dem alten Mieter gestellt werden, wenn ein Verfahren nach der

Verordnung vom 14. August 1940 anhängig gemacht werden soll oder anhängig ist. Die Freigabebescheinigung ist in diesem Falle dem alten Mieter zu erteilen; der Vermieter erhält eine Abschrift. Die Verwaltungsgebühr von 0,50 RM. ist von dem Antragsteller zu erheben. Das gleiche gilt für die Erteilung der Bescheinigung, daß die fragliche Wohnung von der Inanspruchnahme für kinderreiche Familien ausgenommen ist.

Gegen den Bescheid der Preisbehörde steht weder dem Antragsteller noch dem Vermieter eine Beschwerde zu."

Wegen der Freigabe zugunsten von Behördenmitgliedern vgl. RE. Nr. 143/40 vom 30. November 1940 (MittBl. II S. 379).

Dritter ist in der Regel der bisherige Mieter der anderen Tauschwohnung. Tauschpartner kann aber auch der Eigentümer eines Hauses sein, der seine Wohnung im eigenen Hause im Wege des Wohnungstausches vermieten will, oben 4.

6. An die Stelle des **Mieteinigungsamtes** (§§ 37 ff. MSchG.) tritt in den Reichsgauen der Ostmark die Mietkommission, im Reichsgau Sudetenland das Amtsgericht gemäß Abs. 5.

7. Das Mieteinigungsamt — oben 6 — entscheidet nur auf **Antrag** des Mieters. Der Antrag geht auf Ersetzung der vom Vermieter verweigerten Einwilligung zum Wohnungstausch. Antragsberechtigt ist nur der Mieter, dessen Vermieter die Einwilligung versagt, nicht auch ein anderer am Tausch beteiligter Mieter. Bei einer Mehrheit von Mietern kann jeder für sich den Antrag stellen, KG. 17 Y 83/27 Hertel Nr. 382; bei einer Mehrheit von Vermietern ist der Antrag gegen alle zu richten, die die Einwilligung verweigert haben. Gehört das Mietrecht der Ehefrau (als Allein- oder als Mitmieterin) zum eingebrachten Gut, so kann jeder Ehegatte den Antrag stellen, KG. 17 Y 21/30 Hertel Nr. 583.

Eine Frist zur Stellung des Antrages ist nicht vorgeschrieben. Dem Vermieter gegenüber muß aber das Verlangen auf Einwilligung zum Tausch rechtzeitig für einen Zeitpunkt ausgesprochen werden, für den die Kündigung möglich gewesen wäre, oben 3.

Die Entscheidung des Mieteinigungsamts erfolgt gemäß § 40 Abs. 3 MSchG. nach billigem Ermessen. Dieses Ermessen ist hier eingeschränkt durch die bindende Weisung des Abs. 1 Satz 2, wonach der Antrag abgelehnt werden muß, wenn der Vermieter aus wichtigem Grund die Einwilligung verweigert hat.

Die Gültigkeit des Tauschvertrages hat das Mieteinigungsamt nicht zu prüfen. Hinsichtlich der Frage, ob zwischen den Parteien ein Mietverhältnis vorliegt, hat das Mieteinigungsamt den Sachvortrag des Antragstellers seiner Entscheidung zugrunde zu legen, vgl. KG. 17 Y 42/28 und 12/30 Hertel Nr. 428 und 577.

Das Mieteinigungsamt ist nicht befugt, Vertragsbestimmungen abzuändern oder dem Vermieter neue Verpflichtungen aufzuerlegen. Dem bisherigen Mieter kann auch nicht die Zahlung von Mietausfällen aufgebürdet werden, Kiefersauer, Grundstücksmiete 4. Aufl. S. 420.

8. Die **Einwilligung des Vermieters.** Sie ist erforderlich, insofern die Durchführung des Tausches einen Wechsel in der Person des Mieters zur Folge hat, den sich der Vermieter nicht ohne weiteres gefallen zu lassen braucht. Gegenstand der Einwilligung d. h. der vorausgehenden Zustimmung ist daher nicht der Tauschvertrag als solcher, mit dem der Vermieter nichts zu tun hat, sondern der Wechsel in der Person des Mieters. Die Einwilligung des Vermieters ist gegenstandslos, wenn die Beteiligten von der Durchführung des Tausches Abstand nehmen, KG. 17 Y 42/28 Hertel Nr. 428.

Die Ersetzung der Einwilligung beschränkt sich darauf, daß der neue Mieter an die Stelle des bisherigen tritt. Die Vertragsbedingungen bleiben im übrigen unberührt, oben 7. Das MEA. ist nicht befugt, die Zustimmung des Vermieters zur Abänderung einzelner Vertragsbedingungen zwischen den Tauschpartnern zu ersetzen, wenn der Vermieter die Vertragsänderung ablehnt. Die Einwilligung kann nicht allgemein, sondern nur für einen bestimmten Wohnungstausch ersetzt werden, vgl. aber auch unten (Ringtausch).

Zur vollen Wirksamkeit der Entscheidung des Mieteinigungsamts wird nach Abs. 4 nicht nur das Vorliegen der Einwilligung des unmittelbar beteiligten Vermieters, sondern auch aller anderen an dem Tausch beteiligten Vermieter gefordert. Beim Ringtausch kann die Erlaubnis für mehrere der am Tausch Beteiligten in einer Entscheidung des MEA. ersetzt werden.

9. Aus **wichtigem Grund** kann der Vermieter die Einwilligung zum Wohnungstausch verweigern; in diesem Fall darf das Mieteinigungsamt dem Antrag des Mieters — oben 7 — nicht

stattgeben. Bei der Prüfung der Frage der Wichtigkeit des Grundes sind einerseits die Belange des Mieters und der öffentlichen Wohnwirtschaft — oben 1 —, andererseits die Belange des Vermieters und der Hausgemeinschaft gegeneinander abzuwägen. Gründe, die in der Person des neuen Mieters liegen, können wichtig sein, z. B. seine Unverträglichkeit, Trunksucht, rücksichtslose Behandlung der Mieträume, überhaupt alle Gründe, die gemäß § 2 MSchG. die Mietaufhebungsklage des Vermieters begründen würden. Die mangelnde Zahlungsfähigkeit des Tauschpartners kann einen wichtigen Grund für den Vermieter bilden, sofern nicht der bisherige Mieter eine Bürgschaft übernimmt oder Sicherheit leistet; der Gesetzgeber will durch die Regelung in Abs. 3 durch die Einbeziehung der Haftung des neuen Mieters für Verbindlichkeiten des alten Mieters die finanziellen Ansprüche des Vermieters verstärken — unten 10 —, eine Absicht, die nur bei einem zahlungskräftigen Tauschpartner verwirklicht werden kann. Der Vermieter darf von dem neuen Mieter ohne Ausnahmebewilligung der Preisbehörde gemäß § 3 PStopV. in der Regel keine Mietsicherheit verlangen, Grunds. Entscheidung des RfPr. vom 10. Febr. 1938 (MittBl. I Nr. 1).

Kinderreichtum des neuen Mieters ist an sich kein Grund zur Verweigerung, vgl. oben 5, es sei denn, daß eine Überbelegung der Wohnung eintreten würde, KG. 17 Y 8/30 Hertel Nr. 573.

Auch die Möglichkeit der Vermietung zu einem höheren Mietzins ohne den Tausch scheidet grundsätzlich aus, weil eine Mietzinserhöhung über den Stoppreis der Ausnahmebewilligung der Preisbehörde nach § 3 PStopV. erfordern würde, vgl. Kiefersauer, Reichsmietengesetz, 6. Aufl. S. 120, 127, 133, 196. Der Vermieter ist auch nicht berechtigt, seine Einwilligung von der Zahlung einer Abstandsgeldes, einer besonderen Wohnungsabnutzungsentschädigung usw. abhängig zu machen.

Die Absicht des neuen Mieters, die bisher lediglich Wohnzwecken dienende Wohnung zugleich zu gewerblichen Zwecken, z. B. zur Ausübung einer Schneiderei (LG. Elberfeld JW. 1924, 2063), zu verwenden, bildet in der Regel einen wichtigen Grund. Der Schutz der Hausgemeinschaft steht im Vordergrund, wenn die Belange des Mieters und des Vermieters gegeneinander abzuwägen sind.

Der Eigenbedarf des Vermieters kann einen wichtigen Grund für die Nichtersetzung der Einwilligung darstellen, wenn der Vermieter mit einiger Wahrscheinlichkeit gemäß § 4 MSchG. die Wohnung erhalten würde, falls der Tausch unterbleibt, vgl. KG. 17 Y 40/27 und 92/28 Hertel Nr. 343 und 461; OLG. Rostock MietG. 1930, 132.

10. Der Wohnungstausch hat den **Eintritt** des neuen Mieters **in den Mietvertrag** des bisherigen Mieters zur Folge, oben 1. Das bisherige Mietverhältnis bleibt in vollem Umfang bestehen, es tritt lediglich ein Wechsel in der Person des Mieters ein, vgl. oben 3. Rechte und Pflichten des neuen Mieters bestimmen sich nach dem bestehenden Mietvertrag; dies gilt insbesondere auch hinsichtlich des Gegenstandes des Mietvertrages sowohl im Verhältnis zum Vermieter als auch — bei etwaiger Untervermietung — im Verhältnis zum bisherigen Untermieter.

Der neue Mieter wird, wenn ein **Untermietverhältnis** vorliegt, nach Maßgabe des Vertrages zwischen den bisherigen Vertragsteilen des Untermietverhältnisses Untervermieter, gleichviel ob er von dem Untermietverhältnis Kenntnis hatte oder nicht. Der bisherige Mieter kann nicht mehr Rechte durch den Wohnungstausch vermitteln als er selbst hatte; soweit sein Raumnutzungsrecht durch ein bestehendes Untermietverhältnis beschränkt war, wirkt diese Einschränkung auch gegen den neuen Mieter. Dieser ist grundsätzlich an den Untermietvertrag gebunden und kann daher vom Untermieter allein wegen des Wohnungstausches nicht die Räumung der ihm überlassenen Räume verlangen. Über die Vertragsbindung hinaus muß der der neue Mieter unter Umständen einen dem Untermieter nach Maßgabe des § 2 Abs. 2 Dritte AusfV.KSchVO. zustehenden Mieterschutz gegen sich gelten lassen. Aber auch wenn man mit KG. 17 Y 8/28 EA. 668 annimmt, daß ein Eintritt des neuen Mieters in das Untermietverhältnis ohne seinen Willen nicht erfolgt, so kann er doch nicht den Untermieter zum Verlassen der Räume zwingen, weil auch nach dieser Auffassung der neue Mieter durch den Tausch keinen Anspruch auf Überlassung der untervermieteten Räume erwirbt, er also keinerlei Rechtsansprüche an den Untermieter hat, während das Untermietverhältnis zwischen dem alten Mieter und dem Untermieter bestehen bleibt. Dem Untermieter bleibt daher auch bei dieser

Auffassung der Vertragsschutz (Bestandschutz) einschließlich des gesetzlichen Mieterschutzes gewahrt. Der Eigentümer als Hauptvermieter endlich hat keine Möglichkeit, den Untermieter aus den Mieträumen zu entfernen, weil er durch den fortbestehenden Hauptmietvertrag — oben 3 — ohne Rücksicht auf den Wechsel in der Person des Hauptmieters wie bisher zur Duldung des Untermietverhältnisses verpflichtet bleibt, LG. I Berlin GrundE. 1925, 1586. Unmittelbare Rechtsbeziehungen zwischen Hauptvermieter und Untermieter werden durch die Untervermietung nicht begründet. Der Hauptvermieter kann dem Untermieter gegenüber auch seinen Besitzanspruch aus § 985 BGB. nicht mit Erfolg geltend machen, da dieser in entsprechender Anwendung des § 986 BGB. die Herausgabe der Räume aus dem Besitzrecht seines Untervermieters und dessen Tauschpartners verweigern kann.

Die Vorschrift des Abs. 2 geht davon aus, daß der Mieter in das neue Mietverhältnis in dem Umfang eintritt, wie es bisher bestanden hat. Zur Ausschaltung von Zweifeln und insbesondere von Rechtsnachteilen für den Vermieter wird der **Zeitpunkt der Rechtswirksamkeit** des Wohnungstausches — unabhängig von den Vereinbarungen der Beteiligten — auf die Zeit der tatsächlichen Räumung der Wohnung durch den bisherigen Mieter festgelegt. Erst mit der Beendigung der Räumung scheidet hiernach der bisherige Mieter aus dem Mietverhältnis aus und der neue Mieter tritt an dessen Stelle, vgl. Rexroth DWohnW. 1940, 268. Unerheblich ist, ob der neue Mieter selbst unmittelbar nach dem Auszug des bisherigen Mieters die Wohnung bezieht oder ob er erst später oder überhaupt nicht einzieht. Wegen der weiteren Voraussetzung für die Vollziehung des Tausches s. unten 11. Treten die Wirkungen der Entscheidung des MEA. nach Abs. 4 erst später ein, so gilt der Tausch im Zeitpunkt der vorausgegangenen Räumung als vollzogen.

Mit dem Eintritt des neuen Mieters in das Mietverhältnis scheidet an sich der bisherige Mieter aus dem Mietverhältnis aus; nach allgemeinen Grundsätzen haftet er für die bis zur Räumung entstandenen Verpflichtungen gegenüber dem Vermieter. Darüber hinaus legt Abs. 3 dem **neuen** Mieter die gesamtschuldnerische Haftung für diese **Verbindlichkeiten des bisherigen Mieters** auf. Der neue Mieter muß also zugunsten des

Vermieters Verpflichtungen mitübernehmen, die vor seinem Eintritt in das Mietverhältnis entstanden sind. Zu diesen Verpflichtungen zählen nicht nur die Mietzahlungsverpflichtung, sondern auch die Instandsetzungsverpflichtung, die der Mieter z. B. hinsichtlich der Schönheitsinstandsetzung übernommen, aber nicht erfüllt hatte — vgl. Staudinger-Kiefersauer, 18 zu § 536 —, ferner Schadenersatzverpflichtungen des früheren Mieters. Die Verpflichtung aus Abs. 3 entsteht aber nur, wenn das Mieteinigungsamt die mangelnde Erlaubnis des Vermieters nach Abs. 1 ersetzt hat; bei Einigung aller Beteiligten, also beim freiwilligen Tausch, bleibt die Regelung der Haftung der Vereinbarung der Beteiligten überlassen.

11. Die **Rechtswirksamkeit der Entscheidung** des Mieteinigungsamtes — oben 6. — d. h. der Eintritt der Wirkungen insbes. nach Abs. 2 und 3 wird nach Abs. 4 ohne Rücksicht auf die Rechtskraft der Entscheidung gemäß § 41 MSchG. weiterhin davon abhängig gemacht, daß der Wohnungstausch für **jeden Beteiligten** durch die Erteilung der Einwilligung des Vermieters tatsächlich und rechtlich durchführbar wird. Diese Einwilligung muß für einen einzelnen Mieter **vorliegen,** mag sie in einer freiwilligen Erklärung des Vermieters bestehen oder durch die Entscheidung des Mieteinigungsamtes nach Abs. 1 ersetzt sein. Der Einwilligung des Vermieters in den Wohnungstausch d. h. zum Eintritt in den Mietvertrag — oben 1 — wird der Fall gleichzustellen sein, daß der Vermieter sich bereit erklärt, unter Entlassung des bisherigen Mieters aus dem Mietvertrag mit dem Tauschpartner einen neuen Vertrag abzuschließen.

Durch diese Regelung, die ohne Rücksicht auf die Zahl der Mietverhältnisse für jedes einzelne Mietverhältnis die Einwilligung des Vermieters verlangt, soll einerseits ein Mißbrauch der Vorschrift des § 1 durch Vorspiegelung eines in Wirklichkeit nicht beabsichtigten Wohnungstausches verhindert, andererseits der Tauschpartner geschützt werden, da der neue Mieter durch die Regelung in Abs. 2 und 3 — oben 10 — eine nicht unerhebliche Belastung mit Verpflichtungen erfährt, die ihm nur bei völlig sicherer Durchführung des Wohnungstausches zugemutet werden kann, Rexroth DWohnW. 1940, 269.

Wird die Ersetzung der Erlaubnis des Vermieters auch nur in einem einzigen Falle versagt, so treten die Wirkungen des

Tausches nach Abs. 2 und 3 auch bei den Mietverhältnissen nicht ein, bei denen die Einwilligung des Vermieters bereits ersetzt oder vom Vermieter freiwillig erteilt worden ist. Der Wohnungstausch ist alsdann als gescheitert anzusehen.

§ 2

Kündigungsschutz für gewerblich genutzte unbebaute Grundstücke

(1) Die für Räume maßgebenden Vorschriften über den Kündigungsschutz[1] sind bei Miet- und Pachtverhältnissen über gewerblich genutzte unbebaute Grundstücke[2] entsprechend anzuwenden[3].

(2) Der Mieter oder Pächter eines gewerblich genutzten unbebauten Grundstücks kann sich auf den Kündigungsschutz auch dann berufen, wenn die Kündigung bereits vor Inkrafttreten dieser Verordnung[4] ausgesprochen ist[5]. War die Kündigung für einen vor Inkrafttreten dieser Verordnung liegenden Zeitpunkt ausgesprochen, so gilt die Beendigung des Miet- oder Pachtverhältnisses als nicht eingetreten. Im übrigen sind die Übergangsvorschriften der Verordnung zur Ausführung der Verordnung über Kündigungsschutz für Miet- und Pachträume vom 5. September 1939 (Reichsgesetzbl. I S. 1670, 1671, 1673) entsprechend anzuwenden.

(3) Die Vorschriften des vorstehenden Abs. 2 gelten entsprechend, wenn die Beendigung des Miet- oder Pachtverhältnisses vor Inkrafttreten dieser Verordnung ohne vorausgegangene Kündigung eingetreten ist.

(4) Die Vorschriften der vorstehenden Abs. 2 und 3 sind nicht anzuwenden, wenn das Grundstück bereits vor Inkrafttreten dieser Verordnung geräumt oder neu vermietet oder verpachtet worden ist.

1. Die Vorschriften des Mieterschutzgesetzes gelten grundsätzlich nur für **Räume** d. h. Gebäude und Gebäudeteile, vgl. Kiefersauer, Mieterschutzrecht S. 21 und Kriegsnotrecht S. 23. Gemäß § 9 Dritte AusfV.KSchVO. sind die Vorschriften der §§ 1—35 MSchG. und die Bestimmungen der Dritten AusfV.KSchVO. mit Ausnahme des § 6 Abs. 1 auch auf Pacht- und Unterpachtverhältnisse ausgedehnt worden.

Die Gleichstellung der Raummiete und der Raumpacht erfordert aber eine Abgrenzung des Begriffes der **Raumpacht** gegenüber der **Unternehmenspacht.** Die Verpachtung eines Unternehmens ist nicht Raumpacht, wenn die Überlassung des Unternehmens als solchen Gegenstand des Pachtvertrages ist und deshalb die Hauptleistung des Verpächters darstellt, der gegenüber die Gebrauchsüberlassung der Gebäude (Räume) zurücktritt, vgl. Staudinger-Kiefersauer 13 zu § 581; Roquette DR. 1940, 1130. Da die Ausdehnung des Mieterschutzgesetzes auf Pachtverhältnisse über Räume in § 9 Dritte AusfV. nicht weiter reichen kann als das Mieterschutzgesetz selbst Recht schafft, entspricht es sowohl dem Wortlaut des § 9 als auch dem Sinn der Ausdehnung des Mieterschutzgesetzes, wenn die Ausdehnung dieses Rechts auf die pachtweise Überlassung von Gebäuden (Gebäudeteilen) als solchen beschränkt wird. Die Raumüberlassung muß daher den wesentlichen Gegenstand des Pachtvertrages, d. h. die Hauptleistung des Verpächters bilden. Dabei ist zu beachten, daß die wirtschaftliche Verflechtung der Raumpacht mit anderen vertraglichen Vereinbarungen für sich allein noch nicht die Verpachtung eines wirtschaftlichen Unternehmens bedeutet.

2. Unbebaute Grundstücke sind weder Gegenstand des Mieterschutzes — oben 1 — noch Gegenstand des Pachtschutzes zufolge § 9 Dritte AusfV.KSchVO.

Dieser Grundsatz wird nach beiden Richtungen zugunsten solcher unbebauter Grundstücke — ohne Rücksicht auf deren Größe — durchbrochen, die gewerblich genutzt werden. Auf Miet- und Pachtgrundstücke, die zwar unbebaut sind, aber zu **gewerblichen Zwecken** überlassen sind und als solche genutzt werden, sind nach Abs. 1 die Vorschriften des Mieterschutzgesetzes nach Maßgabe der Dritten und Vierten Ausführungsverordnung — in der Ostmark und im Reichsgau Sudetenland nach Maßgabe der beiden Verordnungen vom 5. Sept. 1939 (RGBl. I S. 1671, 1673) — entsprechend anzuwenden.

Nutzung zu gewerblichen Zwecken liegt vor, wenn das unbebaute Grundstück einem Gewerbebetrieb dienstbar gemacht ist. Gewerbebetrieb ist jede fortgesetzte, mit der Absicht der Gewinnerzielung vorgenommene selbständige Tätigkeit, die sich als Beteiligung am allgemeinen wirtschaftlichen Verkehr darstellt. Gewerbebetriebe sind Industrie-, Handels- und Handwerksbetriebe. Handelsbetriebe sind Großhandel und Einzelhandel, Einfuhr- und Ausfuhrhandel, Agenten, Makler. Zu den Gewerbebetrieben zählen die Versicherungs- und Verkehrsunternehmen, die Verlagsunternehmen, Druckereibetriebe, ferner Gaststätten, Theater, Lichtspielhäuser usw. Die Ausübung der freien Berufe der Ärzte, Rechtsanwälte, Architekten, Künstler usw. zählt nicht zum Gewerbebetrieb.

Den Gegensatz zum gewerblichen Betrieb bildet der land- und forstwirtschaftliche Betrieb, s. unten. Die Grenzen sind zuweilen flüssig, vgl. Kiefersauer, Grundstückverkehrsrecht 2. Aufl. S. 242. Die bergmännische Gewinnung von Mineralien z. B. ist Gewerbebetrieb; die Ausbeute von Kies- und Lehmgruben dagegen zählt regelmäßig zu den landwirtschaftlichen Betrieben, soweit bei diesen Substanzbetrieben die gewonnene Substanz im eigenen Betrieb verwendet wird. Wenn selbständige gewerbliche Betriebe, z. B. Zuckerfabriken, Brennereien, Brauereien Grundstücke pachten, die nur zum Anbau von Rüben, Gerste oder Hopfen für den gewerblichen Betrieb verwendet werden, so liegt gewerbliche Nutzung unbebauter Grundstücke vor. Das gleiche gilt für Grundstücke, die zu einem gewerbsmäßig betriebenen Gartenbau gehören; kleingärtnerisch genutzte Grundstücke fallen nicht unter § 2. Für die Anwendung des § 2 kommen hauptsächlich in Betracht: Arbeits- und Lagerplätze, Stapel- und Abstellplätze gewerblicher Betriebe, Schürffelder, Kies-, Lehm-, Sandgruben.

Die gewerbliche Nutzung muß dem Vertrage entsprechen. Vertragswidrige Verwendung des Grundstücks genießt nicht den Schutz des Abs. 1.

Unbebaut i. S. dieser Verordnung ist ein Grundstück dann, wenn es ohne ein als Gebäude (Gebäudeteil) anzusehendes Bauwerk vermietet oder verpachtet ist. Das Vorhandensein von Bretterbuden, die mit dem Grund und Boden nicht fest verbunden sind, steht der Annahme eines unbebauten Grundstücks nicht entgegen. Das gleiche gilt von Baracken (aus Holz oder Blech), sofern nicht deren dauernde Belassung auf ihrem Standort beabsichtigt ist. Wenn der Mieter (Pächter) nach Abschluß des Vertrages aus eigenen Mitteln Gebäude auf dem Grundstück errichtet hat, so wird dadurch der Gegenstand des Miet(Pacht)vertrages — unbebautes Grundstück — nicht verändert. Zum Begriff des Gebäudes vgl. Kiefersauer, Mieterschutzrecht 6. Aufl. S. 21.

Nach der Verordnung des Reichskommissars für die Preisbildung über Maßnahmen der Preisbehörden bei Kündigungen von Miet- und Pachtverhältnissen vom 19. April 1939 (RGBl. I S. 799), die, vom RfPr. selbst nur als eine Zwischenlösung angesehen (Lampe DRW. 1940, 1698), seit 7. Sept. 1939 außer Kraft getreten ist — Kriegsnotrecht S. 46 —, war diese Kündigungsschutzverordnung gemäß § 1 Abs. 2 DurchfV. auch auf die Vermietung oder Verpachtung gewerblich genutzter unbebauter Grundstücke anzuwenden, vgl. Kiefersauer, Mieterschutzrecht, 6. Aufl. S. 314. Die entsprechende Anwendung des Mieterschutzgesetzes nach Maßgabe der Dritten und Vierten AusfV.KSchVO. bringt materiell-rechtlich und verfahrensrechtlich einen anderen Rechtsschutz für den Mieter (Pächter) als es der Kündigungsschutz war, den der RfPr. geschaffen hatte.

Landwirtschaftlich genutzte Grundstücke unterliegen der Reichspachtschutzordnung vom 30. Juli 1940 (RGBl. I S. 1065) und der Grundstückverkehrsbekanntmachung vom 26. Januar 1937, erläutert bei Kiefersauer, Grunstückverkehrsrecht, 2. Aufl. S. 91ff.

Kleingärtnerisch genutzte Grundstücke sind hinsichtlich des Kündigungsschutzes der Kleingarten- und Kleinpachtlandordnung unterstellt; diese hat durch die Verordnung über den Kündigungsschutz von Kleingärten vom 27. Sept. 1939 eine besondere Regelung erfahren, Kriegsnotrecht S. 71.

3. Die entsprechende Anwendung der für Raummietverhältnisse geltenden Kündigungsschutzvorschriften bedeutet die **Ausdehnung des Mieterschutzes** nach Maßgabe des Mieterschutzgesetzes in Verbindung mit der Dritten und Vierten AusfV. KSchVO. Vom Mieterschutz ausgenommen sind nur die im § 2 Dritte AusfV.KSchVO. bezeichneten Rechtsverhältnisse.

Demgemäß — vgl. Kiefersauer S. 11 — gilt die Ausdehnung des Mieterschutzes insbesondere nicht für gewerblich genutzte Grundstücke, die im Rahmen des § 32 MSchG. im Eigentum oder in der Verwaltung einer Körperschaft des öffentlichen Rechts stehen, ferner nicht für Betriebsgrundstücke, die nicht nur vorübergehend Zwecken der Wehrmacht dienen (§ 6 Zweite AusfV.KSchVO.), nicht für Untermiet(pacht)verhältnisse — § 2 Abs. 2 Dritte AusfV.KSchVO. findet keine Anwendung —, und nicht für Grundstücke, die nur für besondere Zwecke zu vorübergehendem Gebrauch vermietet oder verpachtet sind (§ 2 Abs. 1 Dritte AusfV.KSchVO., § 25 MSchG.).

Wegen des Inhaltes des Mieterschutzrechtes vgl. Kiefersauer, Mieterschutzrecht 6. Aufl. S. 22; Kriegsnotrecht S. 51. Die Beendigung des Miet(Pacht)verhältnisses kann nur durch das formelle Kündigungsverfahren oder im Wege der Aufhebungsklage auf Grund eines gesetzlichen Aufhebungstatbestandes vom Vermieter (Verpächter) erreicht werden. Bei Mietaufhebung lediglich aus § 4 MSchG. kann dem Vermieter (Verpächter) nach § 7 Dritte AusfV.KSchVO. die Zahlung einer Entschädigung an den Mieter auferlegt werden, Kriegsnotrecht S. 43. Die Gewährung und Verlängerung einer Räumungsfrist ist gemäß § 5a MSchG. zulässig. Verweigerte Einwilligung des Vermieters (Verpächters) zur Untervermietung kann gemäß § 5 Dritte, § 4 Fünfte AusfV.KSchVO. ersetzt werden. Die Vorschrift des § 6 Abs. 1 Dritte AusfV.KSchVO., die nur für Wohnräume gilt (Kriegsnotrecht S. 36) — § 9 Dritte, § 3 Vierte AusfV.KSchVO. — findet auf gewerblich genutzte unbebaute Grundstücke keine Anwendung. Das Kündigungsrecht des Mieters (Pächters) bleibt unberührt, ebenso die Möglichkeit, durch freie Vereinbarung die Aufhebung des Miet(Pacht)verhältnisses herbeizuführen, vgl. ferner unten 5.

4. Die Fünfte AusfV.KSchVO. ist am 15. August 1940 im Reichsgesetzblatt Nr. 144 verkündet worden. Nach § 2 des Gesetzes über die Verkündung von Rechtsverordnungen vom 13. Oktober 1923 (RGBl. I S. 959) ist sie am folgenden Tage, also am **16. August 1940,** in Kraft getreten.

5. Dem Kündigungsschutz zugunsten des Mieters (Pächters) ist, soweit nicht das Grundstück am 16. August 1940 bereits geräumt war oder eine Neuvermietung (Neuverpachtung) zu diesem Zeitpunkt abgeschlossen war (Abs. 4), nach bestimmter Richtung **rückwirkende Kraft** beigelegt worden.

Der Kündigungsschutz des Mieterschutzgesetzes besteht darin, daß der Vermieter gegen den Willen des Mieters durch einseitige Kündigung nicht das Mietverhältnis beendigen kann; er ist auf das Kündigungsverfahren der §§ 1a ff. MSchG. oder auf das Mietaufhebungsverfahren angewiesen. Darüber hinaus werden Mietverhältnisse auf bestimmte Zeit über den Zeitpunkt der Beendigung des Rechtsverhältnisses hinaus auf unbestimmte Zeit hinaus kraft Gesetzes fortgesetzt, wenn sich nicht der Mieter oder Vermieter nach Maßgabe des § 1n MSchG. auf die Beendigung des Mietverhältnisses beruft. Das ist der wesentliche Inhalt des Mieterschutzes. Die Rechtsfolgen, die sich für den Mieter aus einer von ihm ausgesprochenen Kündigung oder aus seiner Berufung auf die Beendigung des Mietverhältnisses ergeben, hat er ebenso zu tragen wie die Folgen einer Vereinbarung über die Beendigung des Mietverhältnisses, vgl. Kriegsnotrecht S. 23.

Unter diesen Gesichtspunkten ist der Begriff „Beendigung des Miet(Pacht)verhältnisses ohne vorausgegangene Kündigung" in Abs. 3 einschränkend dahin auszulegen, daß nur eine durch Zeitablauf eingetretene Beendigung des Rechtsverhältnisses in Frage kommt, keinesfalls eine Beendigung durch Kündigung des Mieters (Pächters) oder durch Vereinbarung der Vertragsteile.

Demgemäß gilt die Rückwirkung — vorbehaltlich des Abs. 4 — nur für die Beendigung des Miet(Pacht)verhältnisses, die infolge Kündigung des Vermieters (Verpächters) oder Ablauf der vereinbarten Zeit vor dem 16. August 1940 eingetreten ist. Hinsichtlich der Kündigung wird nur verlangt, daß diese vor diesem Zeitpunkt ausgesprochen worden ist; unerheblich ist zunächst, ob die Beendigung des Rechtsverhältnisses zufolge dieser Kündigung vor oder nach diesem Zeitpunkt eintritt oder eingetreten ist. War die Kündigung für einen vor dem 16. August 1940 liegenden Zeitpunkt ausgesprochen, so gilt nach Abs. 2 Satz 2 die Beendigung des Miet(Pacht)verhältnisses als nicht eingetreten, d. h. die Kündigungswirkung wird für diesen Fall rückwirkend aufgehoben und zwar ohne daß es eines Antrages des Mieters (Pächters) oder irgendeiner Erklärung der Beteiligten bedarf.

Für die Behandlung der Kündigungserklärung, die vor dem 16. Aug. 1940 ausgesprochen worden ist, gelten im übrigen die Vorschriften des § 8 Abs. 1 Dritte AusfV.KSchVO. für das Altreich, des § 6 der VO. vom 5. Sept. 1939 (RGBl. I S. 1671) für die Ostmark und § 6 der VO. vom 5. Sept. 1939 (RGBl. I S. 1673) für den Reichsgau Sudetenland und die in die Reichsgaue Niederdonau und Oberdonau eingegliederten sudetendeutschen Gebiete, Kriegsnotrecht S. 52, 56.

Für das **Übergangsverfahren** im Altreich gelten hiernach folgende Grundsätze:

a) Hat der Vermieter zu einem vor dem 16. Aug. 1940 liegenden Zeitpunkt gekündigt oder ist der Miet(Pacht)vertrag vor diesem Tage ohne Kündigung abgelaufen, so gilt nach Abs. 2 Satz 2 die Kündigung als nicht erfolgt und nach Abs. 3 ist die Beendigung des Rechtsverhältnisses als nicht eingetreten anzusehen. Die Erweiterung des Mieterschutzes ist für das Miet(Pacht)verhältnis in vollem Umfang eingetreten; das Rechtsverhältnis gilt als fortbestehend; entsprechend dem Grundgedanken des § 1n MSchG. wird das trotz Zeitablauf als nicht beendet anzusehende Miet(Pacht)verhältnis als auf unbestimmte Zeit abgeschlossen anzusehen sein. Im übrigen gelten die bisherigen Vertragsbestimmungen als fortbestehend.

b) Hat der Vermieter zu einem nach dem 16. Aug. 1940 liegenden Zeitpunkt gekündigt oder würde das Miet(Pacht)verhältnis ohne Kündigung nach diesem Zeitpunkt ablaufen, so gilt der erweiterte Mieterschutz. Eine schwebende Räumungsklage ist, weil durch die Änderung der Rechtslage unbegründet geworden, auf Kosten des Vermieters abzuweisen. Nimmt der Vermieter die Klage zurück, so werden nach § 8 Abs. 1 Satz 4 Dritte AusfV.KSchVO. die Gerichtskosten niedergeschlagen und die außergerichtlichen Kosten gegeneinander aufgehoben; zur Klagzurücknahme bedarf der Kläger nicht der Zustimmung des Beklagten (Satz 5).

Beim Vorliegen eines Mietaufhebungsgrundes kann der Vermieter die Aufhebung des Miet(Pacht)verhältnisses beantragen, wobei abweichend von § 5 MSchG. die Aufhebung des Rechtsverhältnisses für den Zeitpunkt auszusprechen ist, für den die Kündigung erfolgt war, § 8 Abs. 1 Satz 2 Dritte AusfV.KSchVO., vgl. Kriegsnotrecht S. 47, 48.

§ 3

Eigenbedarf für kriegswichtige Zwecke des Vermieters

(1) Auf § 4 der Dritten Verordnung zur Ausführung der Verordnung über Kündigungsschutz für Miet- und Pachträume vom 5. September 1939 (Reichsgesetzbl. I S. 1670) kann sich der Vermieter nur berufen, wenn er selbst[1] die Mieträume für kriegswichtige Zwecke benötigt.

(2) Die Vorschrift des vorstehenden Abs. 1 gilt entsprechend für § 2 der Verordnung zur Ausführung der Verordnung über Kündigungsschutz für Miet- und Pachträume in der Ostmark vom 5. September 1939 (Reichsgesetzbl. I S. 1671) und für § 2 der Verordnung über Kündigungsschutz für Miet- und Pachträume im Reichsgau Sudetenland und den in die Reichsgaue Niederdonau und Oberdonau eingegliederten sudetendeutschen Gebieten vom 5. September 1939 (Reichsgesetzbl. I S. 1673)[2 3].

1. Zu § 4 Dritte AusfV.KSchVO. wurde bisher — vgl. Kriegsnotrecht S. 31; Dahmann DRW. 1940, 360; KG. 15. Nov. 1939 DRW. 1940, 394; OLG. München HöchstRRspr. 1940 Nr. 667 — die Auffassung vertreten, daß die dort vorgesehene Bescheinigung zum Nachweis des überwiegenden Interesses des Vermieters an der Erlangung der Mieträume auch dann genügt, wenn er die Räume einem Dritten überlassen will, der sie für kriegswichtige Zwecke benötigt.

Demgegenüber will Abs. 1 klarstellen, daß dies nur dann der Fall sein soll, wenn der **Vermieter selbst** die Mieträume für **eigene** kriegswichtige Zwecke verwenden will. Die Vorschrift bezweckt, wie Rexroth DWohnW. 1940, 269 ausführt, eine klare Abgrenzung der Befugnisse, die sich für die Inanspruchnahme von Räumen für kriegswichtige Zwecke einerseits aus den Bestimmungen über den Kündigungsschutz und andererseits aus den Vorschriften des Reichsleistungsgesetzes ergeben.

2. Die Einschränkung des Begriffs „kriegswichtige Zwecke" gilt auch für die dem § 4 Dritte AusfV.KSchVO. angepaßte Sonderregelung des § 2 der beiden Ausführungsbestimmungen für den Reichsgau der Ostmark und für den Reichsgau Sudetenland, Kriegsnotrecht S. 52 und 56.

3. **Zuständig** zur Erteilung der Bescheinigung, daß die Räume für kriegswichtige Zwecke benötigt werden, sind nicht nur die Obersten Reichsbehörden je für ihren Geschäftsbereich, sondern auch die durch AV. d. RJM. vom 19. Febr., 13. Juni und 24. Okt. 1940 (Deutsche Justiz 1940 S. 26, 703 u. 1217; vgl. auch RMBliV. 1940, 325; 1941, 95) bezeichneten nachgeordneten Behörden z. B. untere und höhere Verwaltungsbehörden, Wehrkreisverwaltungen, Luftgaukommandos, Kriegsmarinewerften, Rüstungsinspektionen, Oberste Bauleitungen der Reichsautobahnen, Reichsbahn- und Wasserstraßendirektionen. Die Ausführungen zu Bem. 5 zu § 4 Dritte AusfV. — Kriegsnotrecht S. 32 — sind insoweit überholt.

§ 4

Erlaubnis des Vermieters zur Untervermietung

Dem § 5 der Dritten Verordnung zur Ausführung der Verordnung über Kündigungsschutz für Miet- und Pachträume vom 5. September 1939 (Reichsgesetzbl. I S. 1670)[1] wird folgender zweiter Absatz angefügt:

„(2) Wird die Erlaubnis des Vermieters zur Untervermietung allgemein ersetzt[2], so bleibt das Recht[3] des Vermieters, im Einzelfall der Untervermietung aus wichtigem Grunde zu widersprechen, unberührt."

1. Nach § 5 Abs. 1 Satz 2 kann auf Antrag des Mieters die vom Vermieter verweigerte Erlaubnis durch Entscheidung des Mieteinigungsamtes ersetzt werden, vgl. Kriegsnotrecht S. 34.

Durch Rechtsentscheid des KG. — 17 Y 5/40 DRW. 1940, 1146 — ist im Anschluß an die Rspr. zu § 29 MSchG. diese Bestimmung dahin ausgelegt worden, daß die Erlaubnis des Vermieters zur Untervermietung nicht allgemein, sondern nur für einen bestimmten Dritten ersetzt werden kann. Diese Auffassung wird nach Rexroth DWohnW. 1940, 269 den Erfordernissen der praktischen Anwendung der Vorschrift des § 5 Dritte AusfV. KSchVO. nicht in ausreichendem Maße gerecht. Es soll ebenso wie der Vermieter selbst auch das MEA. nicht daran gehindert sein, die Erlaubnis allgemein zu ersetzen, zumal in den Fällen, in denen der Vermieter seine Einwilligung grundsätzlich und allgemein ohne Rücksicht auf den Einzelfall verweigert hat.

2. Die **Ersetzung** der Erlaubnis des Vermieters kann **allgemein** erfolgen; die abweichende Rspr. des KG. — oben 1 — dürfte offenbar nach der Auffassung des Gesetzgebers überholt sein, zweifelnd Dahmann GrundE. 1941, 40.

3. Zur Wahrung der Belange des Vermieters soll diesem das Recht des Widerspruchs im Einzelfall bleiben, wenn das MEA. die Erlaubnis des Vermieters allgemein ersetzt hat. Der Mieter kann sich also, wenn der Vermieter im Einzelfall aus wichtigem Grunde der Untervermietung widerspricht, nicht darauf berufen, daß ihm das Mieteinigungsamt allgemein die Erlaubnis erteilt habe; er muß vielmehr nochmals für diesen Einzelfall die Entscheidung des Mieteinigungsamtes anrufen, andernfalls die Untervermietung eine unerlaubte ist, wenn ein wirksamer Grund für den Widerspruch des Vermieters vorgelegen hat.

Der Widerspruch, für den weder eine Form noch eine Frist vorgeschrieben ist, muß vom Vermieter dem Mieter gegenüber erhoben werden.

B. Preisbildung und Preisüberwachung.

— Erlasse des Reichskommissars für die Preisbildung —

I. Erlaß betr. Preisbildung und Preisüberwachung bei Mieten während des Krieges.

Der RfPr. hat zunächst durch den RE. Nr. 99/39 — Kriegsnotrecht S. 49 — und durch RE. Nr. 107/39 (MittBl. II S. 248) die Behandlung von Mietzinserhöhungs- und Mietzinssenkungsanträgen im Sinne eines fast völligen Verbots von Mietzinsänderungen angeordnet. Beide Runderlasse sind durch den nachstehenden RE. Nr. 55/40 vom 5. Mai 1940 (MittBl. I S. 300) betr. Preisbildung und Preisüberwachung bei Mieten während des Krieges aufgehoben worden. Der **RE. Nr. 55/40** hat folgenden Wortlaut:

Die durch den Krieg erzwungene Einschränkung der Wohnungsbautätigkeit wird eine vorübergehende Verschärfung der Wohnungsnot mit sich bringen; insbesondere gilt das für diejenigen Orte, in denen im Zusammenhang mit der Schaffung und Erweiterung kriegswichtiger Industrien ein erheblicher Bevölkerungszuwachs eingetreten ist. Es ist von größter Wichtigkeit, daß es den Preisbehörden gelingt, zu verhindern, daß diese Wohnungsverknappung zu einer Steigerung der Mieten führt[1].

1. Mit bemerkenswerter Klarheit wird hier den Preisbehörden vor Augen geführt, daß die durch den Krieg ausgelöste Verschärfung der Wohnungsnot das Schwergewicht der Tätigkeit der Preisbehörden auf dem Gebiete der Mietpreispolitik von der Preisbildung auf die Preisüberwachung verlagert hat. Die erste Aufgabe der Preisbehörden besteht demnach in der nächsten Zeit — auch in der Zeit unmittelbar nach Beendigung des Krieges — in der Verhinderung ungerechtfertigter Mietzinssteigerung, insbesondere einer Steigerung der Mieten als Folge der Raumnot, Lampe DRW. 1940, 1697.

I.

1. Die Ausdehnung des Mieterschutzes auf alle Mietverhältnisse[2] hat die Gefahr von Mietzinssteigerungen bei laufenden Mietverträgen im wesentlichen beseitigt. Um so größere Aufmerksamkeit werden aber die Preisbehörden auf die Fälle des Mieterwechsels[3] zu richten haben. Die in meinem Runderlaß Nr. 6/39 vom 25. Januar 1939 (Mitt.-Blatt RfPr. II S. 19) empfohlene Einführung einer Meldepflicht ist inzwischen in zahlreichen Gemeinden erfolgt und hat sich als geeignetes Mittel erwiesen, um im Falle der Neuvermietung Mietzinssteigerungen zu verhindern. Ich ersuche deshalb, die Frage der Einführung dieser Anzeigepflicht auch für diejenigen Gemeinden, in denen sie bisher noch nicht besteht, erneut zu prüfen[4]. Von etwaigen Anordnungen ist mir — wie ich nochmals betone — ein Abdruck zu übersenden; das gleiche gilt von allen sonstigen Maßnahmen allgemeiner Art.

2. Die **Ausdehnung des Mieterschutzes** ist zunächst durch die §§ 1, 2 Dritte AusfV.KSchVO. erfolgt; die Zahl der Mietverhältnisse, die hiernach dem Mieterschutzgesetz nicht unterworfen sind, ist verhältnismäßig gering, vgl. die Zusammenfassung Kriegsnotrecht S. 11. Beachtenswert ist auch die durch § 9 der Dritten AusfV.KSchVO. angeordnete entsprechende Anwendung der §§ 1—35 MSchG. auf **Pachtverhältnisse** und Unterpachtverhältnisse über **Räume.** Durch § 2 Fünfte AusfV. KSchVO. wurden über den Rahmen des Mieterschutzgesetzes hinaus auch **unbebaute** gewerblich genutzte **Grundstücke** dem Mieterschutz unterstellt, eine Regelung, die bereits in der Kündigungsschutzverordnung des RfPr. enthalten war (§ 1 Abs. 2 der DurchfVO. vom 24. Juni 1939), Kiefersauer, Mieterschutzrecht 6. Aufl. S. 313, 314.

3. Während bei laufenden Mietverhältnissen, die unter Mieterschutz stehen, eigenmächtige Mietpreissteigerungen kaum zu befürchten sind, besteht die Gefahr, daß einzelne Vermieter den Wechsel in der Person des Mieters dazu benutzen, eine offene oder versteckte Erhöhung des Mietzinses einzuführen. Die Pflicht zur **Anmeldung des Mieterwechsels** kann solche Absichten verhindern. Die Einführung der Meldepflicht ist Sache der Gemeinden; in den größeren Städten wird eine solche Anordnung regelmäßig am Platze sein. Möglicherweise wird die Meldepflicht nach dem Kriege durch eine gesetzliche Regelung in allen größeren Städten zur Einführung kommen, Lampe DRW. 1940, 1699.

Das Kernstück der Meldepflichtverordnung liegt in der Vorschrift, daß sowohl der Vermieter als auch der alte und neue Mieter beim Mieterwechsel die Angaben über die Vereinbarungen über den Mietpreis einschließlich aller Nebenleistungen des Mieters für das alte und das neue Mietverhältnis unterschriftlich zu bestätigen und der Preisbehörde zu übermitteln haben. Damit wird die Entwicklung der Mietpreise in wirksamer Weise überwacht und unzulässige Mietpreissteigerungen werden, wenn nicht unmöglich gemacht, mindestens sehr erschwert. Über diesen unmittelbaren Zweck der Anordnung hinaus wird die Preisbehörde bei Durchführung der Anmeldepflicht mit wertvollem Material über die Höhe der Mietpreise in der Gemeinde versehen. Die preispolitische Auswertung des Materials ist freilich wohl nur in Verbindung mit der Führung eines Mietkatasters möglich, dessen Einführung nur empfohlen werden kann, vgl. 3 zu Ziff. 7 RE. 184/37, Mieterschutzrecht S. 141.

Die Meldepflicht bei Mieterwechsel kann auch auf möblierte Zimmer ausgedehnt werden; die Durchführung einer solchen Anordnung dürfte aber im Hinblick auf den häufigen Wechsel der Untermieter eine unerträgliche Verwaltungsarbeit mit sich bringen; zweckmäßiger erscheint die Aufstellung von Richtpreisen für die Vermietung möblierter Zimmer, vgl. unten 6.

4. Nach dem RE. Nr. 68/39 vom 24. Juli 1939 (MittBl. II S. 194) ist grundsätzlich bei Gemeinden, die auf Grund des RE. 6/39 die Anzeigepflicht bei Mieterwechsel einführen oder eine Anordnung zur Erleichterung der Wohnungsbeschaffung für kinderreiche Familien (§ 3 der DurchfVO. vom 15. Juni 1939

RGBl. I S. 1034) — unten 2 — erlassen wollen, die Zustimmung zu diesen Anordnungen von der vorherigen Aufhebung sonstiger Meldevorschriften abhängig zu machen. Bestehen Bedenken gegen die Aufhebung solcher zusätzlicher Meldevorschriften, so ist dem RfPr. zu berichten.

2. Für Gemeinden, in denen größere Wohnungsschwierigkeiten bestehen, wird weiterhin zu prüfen sein, ob es notwendig ist, zur Erleichterung der Wohnungsbeschaffung für Familien mit Kindern[5] auf Grund der Verordnung vom 20. April 1939 (RGBl. I S. 815 — Mitt.-Bl. RfPr. I S. 163) und der Durchführungsverordnung vom 15. Juni 1939 (RGBl. I S. 1034 — Mitt.-Bl. RfPr. I S. 236) besondere Anordnungen zu erlassen.

5. Die **Kinderreichen-Verordnung** — abgedruckt Mieterschutzrecht 6. Aufl. S. 276 und 309 — ermöglicht es, die nationalsozialistische Auffassung über die Notwendigkeit der Pflege und des Schutzes der kinderreichen Familie gerade auf dem Gebiete der Raumzuteilung bis zu einem gewissen Grade zu verwirklichen. Dabei darf aber nicht übersehen werden, daß die Beschaffung geeigneten Wohnraumes für die kinderreiche Familie in vielen Fällen eine Frage der finanziellen Leistungsfähigkeit und zuweilen auch des Leistungswillens ist; eine größere Wohnung erfordert in jedem Fall einen höheren Aufwand an Miete, den aufzubringen nicht jeder Familienvater in der Lage oder willens ist. Das Problem der Unterbringung kinderreicher Familien hat also auch eine beachtliche finanzielle Seite.

Wohnungspolitisch ist das Problem der Kinderreichen vollständig nur durch den Wohnungsneubau zu lösen. Anordnungen zur Erleichterung der Wohnungsbeschaffung kinderreicher Familien, die im Laufe der Zeit wohl in allen größeren und mittleren Städten erlassen werden, geben in erster Linie diesen Familien ein Recht auf bestimmte Wohnungen, also eine Art Vormietrecht, Lampe, Deutscher Gemeindetag 1939, 450 und DRW. 1940, 1699. Der Vermieter ist verpflichtet, bestimmte Wohnungen seines Hauses an kinderreiche Familien vorzugsweise zu vermieten, sofern nicht bereits andere kinderreiche Familien im Hause wohnen. Die vielfach beobachtete Ablehnung kinderreicher Mieter durch den Vermieter selbst und zumeist — oft in erster Linie — durch die Mieter des Hauses wird damit wirksam bekämpft. Darüber hinaus aber hat die Preisbehörde die Möglichkeit, eine an sich dem Vermietungszwang unterliegende Wohnung in bestimmten Fällen z. B. beim Wohnungstausch — vgl. 5 zu §. 1 Fünfte AusfV.KSchVO. — oder zugunsten bestimmter anderer Personenkreise, deren bevorzugte Unterbringung gleichfalls im öffentlichen Interesse liegt, z. B. von jung verheirateten Ehepaaren, Kriegsbeschädigten, Kriegsteilnehmern usw. freizugeben und damit in weitgehendem Maße die volkspolitisch so wichtige Wohnungsvergebung zu beeinflussen.

Die Wohnungsvergebung ist in Zeiten der Wohnungsknappheit das einzige Mittel, eine gerechte Verteilung der vorhandenen Wohnungen in dem Sinne vorzunehmen, daß der Mangel an Wohnraum alle Bevölkerungsschichten annähernd gleichmäßig trifft, wobei freilich vorausgesetzt wird, daß eine mangelnde finanzielle Leistungsfähigkeit der volkspolitisch bevorzugten Bevölkerungskreise durch geeignete Hilfsmaßnahmen des Reiches oder anderer öffentlicher Körperschaften oder wirtschaftlicher Organisationen beseitigt wird. Den öffentlichen Beamten wird ein Wohnungsgeldzuschuß gewährt, dessen Höhe seit dem Gesetz über die zweiunddreißigste Änderung des Besoldungsgesetzes vom 27. Sept. 1938 (RGBl. I 1205) nach der Zahl der Kinder bemessen; Beamte mit fünf und mehr kinderzuschlagspflichtigen Kindern z. B. erhalten gegenüber dem bisherigen Stand einen um rund ein Drittel höheren Wohnungsgeldzuschuß. Die gleiche Regelung gilt gemäß § 6 Abs. 2 der Tarifordnung A für die Gefolgschaftsmitglieder im öffentlichen Dienst.

3. Die Zusammenballung größerer Arbeitsmassen an Orten mit kriegswichtigen Industrien hat teilweise auch zu einer Verknappung und zu ungerechtfertigten Preissteigerungen bei Schlafstellen und möblierten Zimmern [6] geführt. Wo sich derartige Erscheinungen zeigen, empfehle ich, Anordnungen zu erlassen, durch die Richtpreise für die verschiedenen Arten der Schlaf-

stellen und möblierten Zimmer festgesetzt werden und im übrigen bestimmt wird, welche Leistungen im einzelnen in der Untermiete enthalten sind und welche gesondert berechnet werden dürfen[7]. — Vielfach wird es geboten sein, hiermit eine allgemeine Ausnahmegenehmigung zur Erhebung eines Untermietzuschlages[8] zu verbinden. Derartige Bestimmungen dürfen aber nicht zu einer mittelbaren Mietzinserhöhung führen. In denjenigen Fällen, in denen die Untervermietung bei Inkrafttreten der Preisstopverordnung ohne Zuschlag erlaubt war, ist die Erhebung eines Untermietzuschlages auch jetzt nicht zu gestatten. Ausnahmen dürfen von der Preisbehörde nur in besonders begründeten Einzelfällen erteilt werden.

6. Das Problem der Mietpreisbildung und -überwachung bei **möblierten Zimmern** und **Schlafstellen** ist bisher ziemlich vernachlässigt worden. Es ist daher sehr zu begrüßen, daß der RfPr. dieser Frage sein Augenmerk zuwendet. Anordnungen zur Mietpreisberechnung bei möblierten Zimmern sind bereits von einzelnen Preisbehörden erlassen worden. Nach der von ORR. Dr. Lampe (MittBl. I 1940 S. 220 = DRW. 1940, 852) gegebenen Übersicht werden für einfache Schlafstellen Mietpreise in Höhe von 3.50 bis 4.— RM. je Woche und Schlafstelle festgesetzt.

Die Durchschnittssätze für möblierte Zimmer, die in vier Klassen eingeteilt werden, betragen

für Klasse 1	einfache	Zimmer	25.—	RM.	monatlich
„ Klasse 2	bessere	„	30.—	„	„
„ „ 3	gute	„	35.—	„	„
„ „ 4	sehr gute	„	40.—	„	„ .

Für die Einstufung des Zimmers ist nicht nur die Ausstattung in üblicher Form, sondern auch die Größe und Lage des Zimmers (Straßen-, Garten-, Hoffront) maßgebend. Bei Gewährung besonderer Annehmlichkeiten, z. B. Badbenützung, können ebenso Zuschläge gewährt werden wie bei der Inanspruchnahme besonderer Leistungen des Untervermieters z. B. für Heizen

(Arbeitsleistung und Heizmaterial). Stellung der Bettwäsche, Beleuchtung, Schuhputzen und Morgenkaffee sind als regelmäßige Nebenleistungen des Vermieters im Preis inbegriffen.

An Stelle dieser allgemeinen Richtmietpreise kann aber auch die Berechnung einer aus der Hauptmiete abzuleitenden Grundmiete für das leere Zimmer — Lampe DRW. 1940, 1700 — vorgeschrieben werden, zu deren Betrag ein Zuschlag für die Bereitstellung der Einrichtung — etwa 15 v. H. ihres Wertes —, ein fester Satz von 4.— RM. monatlich für Wäscheabnutzung und Reinigung sowie der Lohn für ½ Stunde tägliche Bedienung gewährt wird. Bei einer monatlichen Miete von 72.— RM. für eine Wohnung mit 94 qm Fläche, von denen 14 qm für gemeinschaftlich benutzte Räume abgehen, ergibt sich für die verbleibenden 80 qm nutzbare Wohnfläche ein Einheitspreis von 90 Pfg. je Quadratmeter. Auf dieser Grundlage errechnet Lampe a. a. O. S. 221 folgendes Beispiel:

Raumgrundmiete für ein 26 qm großes Zimmer 26×0,90	= 23.40	RM.	monatlich
Einrichtung (15% aus 480.— RM. Wert der Wohnungseinrichtung) .	= 6.—	"	"
Wäscheabnützung und Reinigung . .	= 4.—	"	"
Bedienung (15 Stunden zu 40 Rpf.)	= 6.—	"	"
Angemessene Untermiete	= 39.40	RM.	monatlich.

Die Ermittlung des objektiven Nutzungswertes der Wohnung würde freilich eine sicherere Grundlage für die Berechnung der Raumgrundmiete des Zimmers bieten als die tatsächliche Miete für die Wohnung; angemessen ist nur der Mietzins, der dem objektiven Nutzungswert des Raumes entspricht, Kiefersauer, Reichsmietengesetz 6. Aufl. S. 9, 141, 172.

7. Die **Regelleistungen** des Untervermieters, die auch die üblichen Nebenleistungen — oben 6 — enthalten, werden mit dem Mietzins abgegolten, oben 6. Soweit Abweichendes vereinbart ist, z. B. die Wäsche wird vom Mieter gestellt, der Morgenkaffee wird ganz oder teilweise nicht gewährt, die Schuhe werden nicht gereinigt, sind entsprechende Abzüge vom normalen Mietsatz zu machen. Die Ausscheidung der Einzelleistungen des Untervermieters erscheint deshalb bei der Bestimmung der Untermiete geboten.

8. Die Erhebung eines **Zuschlages** für die Gestattung der **Untervermietung** ist in den Ziff. 9—12 des RE. 184/37 — Kiefersauer, Reichsmietengesetz 6. Aufl. S. 143, 146 — ausführlich geregelt. Der RfPr. wiederholt die Hauptgrundsätze mit dem ausdrücklichen Hinweis darauf, daß die Genehmigung des Zuschlags nicht zu einer mittelbaren Mietpreiserhöhung führen darf.

4[9]. Vielfach ist die Beobachtung gemacht worden, daß Hauseigentümer die Durchführung von Reparaturen[10] ohne hinreichenden Grund unter Hinweis auf die Kriegsverhältnisse ablehnen. Ein solches Verhalten stellt einen Verstoß gegen die Preisstopverordnung dar. Erforderliche und ausführbare Reparaturen müssen von den Preisbehörden notwendigenfalls durch Androhung von Ordnungsstrafen erzwungen werden. Unzulässig ist es ferner, wenn sich wohnungsuchende Mieter verpflichten, die Instandsetzung der Wohnung selbst zu übernehmen oder die Herrichtungskosten zu vergüten[11]. Strafbar macht sich hier sowohl der Mieter als auch der Vermieter, der auf ein derartiges Angebot eingeht. Es empfiehlt sich, die Bestrafung in besonders krassen Fällen in der Tagespresse bekanntzugeben, um solche Angebote, die zu einer Benachteiligung weniger bemittelter Wohnungsuchender führen, für die Zukunft zu unterbinden[11a].

9. Zur **Auslegung der Ziffer 4** gibt der RfPr. im Mitteilungsblatt I 1940 S. 542 von zwei Bescheiden Kenntnis, durch die entstandene Zweifelsfragen geklärt werden:

1. *An den Reichsverband des deutschen gemeinnützigen Wohnungswesens e. V.:*

Die Anweisungen in Abschnitt I Ziffer 4 des Runderlasses Nr. 55/40 wenden sich nur gegen die Unterlassung solcher Reparaturen, die notwendig und ausführbar sind. Bei der Frage der Ausführbarkeit sind selbstverständlich die augenblicklichen Verhältnisse am Baustoff- und am Arbeitsmarkt und die einschlägigen Anweisungen des

Herrn Generalbevollmächtigten für die Regelung der Bauwirtschaft, insbesondere also auch sein Erlaß vom 18. April 1940, zu berücksichtigen. Soweit danach notwendige Instandsetzungsarbeiten im Augenblick nicht durchgeführt werden können, dürfen die dadurch eingesparten Beträge selbstverständlich nicht verbraucht werden, sondern sie müssen zurückgelegt und die jetzt zurückgestellten Reparaturen müssen sobald als möglich nachgeholt werden. Zur Sicherung dieser Verpflichtungen werden noch besondere Anordnungen ergehen.

(IX — 175 — 2606 vom 12. Juni 1940)

2. *An den Reichsbund der Haus- und Grundbesitzer e. V.:*

In Ziffer I, 4 meines Runderlasses Nr. 55/40 ist darauf hingewiesen, daß es unzulässig ist, wenn sich wohnungsuchende Mieter verpflichten, die Instandsetzung der Wohnung selbst zu übernehmen oder die Herrichtungskosten zu vergüten. Dieser Hinweis bezieht sich auf diejenigen Fälle, in denen ein Vermieter die ihm obliegende Verpflichtung zur Überlassung einer zum vertragsmäßigen Gebrauch geeigneten Wohnung bei einem Mieterwechsel dadurch zu umgehen sucht, daß er die Instandsetzung dem neuen Mieter aufbürdet.

Damit wird also nicht ausgeschlossen, daß in Fällen, in denen ein Mieter bisher die Schönheitsreparaturen selbst getragen hat, eine entsprechende Vereinbarung auch mit dem neuen Mieter geschlossen wird. Ein Verstoß gegen die Preisstop-Verordnung ist hierin nicht zu erblicken. Durch Ziffer I, 4 soll ferner die Möglichkeit, mit besonderer Genehmigung der Preisbehörde die Schönheitsreparaturen entgegen der bisherigen Regelung unter entsprechender Kürzung des Mietzinses auf den Mieter zu übertragen — sofern die im Erlaß vom 1. März 1938 (= Mitt.-Bl. RfPr. I Nr. 3 S. 7) genannten Voraussetzungen vorliegen, nicht genommen werden.

(IX — 231 — 3305 vom 8. Juli 1940)

10. Die **Instandsetzung** (Instandhaltung) der Mieträume ist grundsätzlich eine Verpflichtung des Vermieters — § 536 BGB. —, sofern die Vertragsteile nicht eine andere Vereinbarung vor dem Stichtag, d. h. dem 17. Oktober

1936 getroffen haben, vgl. Kiefersauer, Mieterschutzrecht 6. Aufl. S. 214. Soweit die gesetzliche Miete für das Mietverhältnis gilt, ist die Instandsetzungspflicht des Vermieters gemäß § 20 RMG. eine gesetzliche Pflicht, die eine anderweitige Parteivereinbarung beseitigt.

Die Verpflichtung zur Instandsetzung ist eine unbeschränkte, d. h. sie ist grundsätzlich unabhängig von der wirtschaftlichen Lage der Beteiligten, sie kann daher auch in wirtschaftlich schwierigen Zeiten nicht ohne weiteres abgelehnt werden. Da die Erfüllung der Instandhaltungspflicht des Vermieters durch den Mietzins abgegolten wird, ist jede Einschränkung oder Unterlassung dieser Pflichtleistung als Verstoß gegen die PStopV. anzusehen, gleichviel ob der Mieter dadurch gezwungen wird, die Arbeit selbst auszuführen oder nicht, Lampe DWohnW. 1938, 4; Kiefersauer, Reichsmietengesetz 6. Aufl. S. 136. Der RE. 55/40 stellt diese Rechtslage ausdrücklich fest und verpflichtet die Preisbehörden, ausführbare, d. h. durch die Rohstoff- und Arbeitsmarktlage nicht beschränkte Reparaturen durch Androhung von Ordnungsstrafen nötigenfalls zu erzwingen. Auch für Mietverhältnisse, die dem Reichsmietengesetz nicht unterliegen, kommt nunmehr das Verwaltungszwangsverfahren nach § 6 RMG. (Neufassung S. 148) in Betracht. Die ordnungsgemäße Instandhaltung der Miethäuser auch während des Krieges liegt im öffentlichen Interesse, da es sich um die Erhaltung wertvollen Volksvermögens handelt.

Ist die Unterlassung gebotener Instandsetzungsmaßnahmen infolge Mangel an Arbeitskräften und Material begründet, so unterbleibt jede Zwangsmaßnahme. Auch eine Mietzinssenkung ist nicht am Platze, da die Instandsetzungsarbeiten vom Vermieter später nachgeholt werden müssen, Lampe DRW. 1940, 1700. Über die Pflicht des Vermieters zur Ansammlung eingesparter Beträge vgl. die Ausführungen des RfPr. vom 12. Juni 1940, oben 9.

11. Die **Übernahme** von solchen besonderen **Nebenleistungen durch den Mieter** — einmalige Kosten der Herrichtung oder laufende Kosten der Instandhaltung — bedeutet eine Erhöhung der Leistungsverpflichtung des Mieters und verstößt damit gegen die PStopV. Mit Recht wird auf die Strafbarkeit beider Vertragsteile hingewiesen; vgl. auch die verschärfte Strafandrohung des Erlasses vom 8. Dez. 1940 (MittBl. I S. 852).

Die Übernahme von Schönheitsinstandsetzungen durch den Mieter ist nach wie vor zulässig; vgl. hierher Staudinger-Kiefersauer, 18 zu § 536. Bestehende Vereinbarungen werden durch die PStopV. nicht berührt. Die nachträgliche Übernahme von Schönheitsinstandsetzungen bedarf aber der Zustimmung der Preisbehörde ebenso wie umgekehrt die Erhöhung der Miete um 4 v. H. bei Wiederübernahme der Schönheitsinstandsetzungen durch den Vermieter, vgl. Ziff. 62 RE. 184/37; Runderlaß vom 1. März 1938, abgedruckt bei Kiefersauer, Reichsmietengesetz 6. Aufl. S. 85, 189 und 215. Nach § 7 PreußAusfV. z. RMG. hat die Übernahme der Schönheitsinstandsetzungen durch den Mieter eine Kürzung der gesetzlichen Miete um 4. v. H. der Friedensmiete zur Folge.

11a. Die mit der Einschränkung der Lieferung von Heizmaterial in Zusammenhang stehende **Einschränkung** oder Stillegung der **Warmwasserversorgung** und **Sammelheizung** hat den Reichskommissar für die Preisbildung zur Herausgabe nachstehender Runderlasse veranlaßt:

1. **RE. Nr. 8/40** vom 17. Januar 1940 betr. Mietzinssenkung bei verringerter Warmwasserversorgung (MittBl. I S. 81):

„Die Reichsstelle für Kohle hat die Bezirkswirtschaftsämter in ihrer Anordnung 4 vom 11. Januar 1940 (Deutscher Reichsanzeiger und Preuß. Staatsanz. Nr. 9 vom 11. Januar 1940) ermächtigt, die Stillegung oder Einschränkung von Warmwasserversorgungsanlagen anzuordnen. Damit kann den Vermietern die Erfüllung ihrer vertraglichen Verpflichtungen auf Lieferung warmen Wassers verboten und rechtlich unmöglich gemacht werden. Nach der Verordnung über das Verbot von Preiserhöhungen vom 26. November 1936 (Reichsgesetzbl. I S. 955) muß in solchen Fällen als Ausgleich für den Wegfall der Leistungen der Mietzins gesenkt werden. Das gleiche gilt dann, wenn aus sonstigen zwingenden Gründen die Warmwasserversorgung stillgelegt oder eingeschränkt worden ist. Über den Umfang der Senkung erteile ich folgende Richtlinien:

I.

Sind die Kosten der Warmwasserversorgung vertraglich im Mietzins einbegriffen, so ist bei Stillegung der Warmwasserversorgung der Mietzins monatlich um 5. v. H. der Monatsmiete zu senken.

Bei Einschränkung der Warmwasserversorgung ist folgende Senkung vorzunehmen:

a) bei wöchentlich eintägiger Versorgung 3 v. H. der Monatsmiete,
b) bei wöchentlich zweitägiger Versorgung 2 v. H. der Monatsmiete,
c) bei wöchentlich drei- und mehrtägiger Versorgung 1 v. H. der Monatsmiete.

II.

Ist für die Kosten der Warmwasserversorgung neben dem Mietzins ein Pauschalbetrag vereinbart, so entfällt dieser Betrag bei Stillegung der Warmwasserversorgung.

Bei Einschränkung der Warmwasserversorgung ist folgende Senkung vorzunehmen:

a) bei wöchentlich eintägiger Versorgung drei Fünftel des Pauschalbetrages,
b) bei wöchentlich zweitägiger Versorgung zwei Fünftel des Pauschalbetrages,
c) bei wöchentlich drei- und mehrtägiger Versorgung ein Fünftel des Pauschalbetrages.

III.

Ist für die Kosten der Warmwasserversorgung und der Heizung ein Gesamtpauschalbetrag vereinbart, so gilt ein Drittel dieses Betrages als Pauschalbetrag für die Kosten der Warmwasserversorgung gemäß Ziff. II.

IV.

Bei Stillegung oder Einschränkung der Warmwasserversorgung für einen kürzeren Zeitabschnitt als einen Monat ist der Mietzins oder der Pauschalbetrag nach den angegebenen Sätzen anteilig zu senken. Eine Senkung ist jedoch nicht erforderlich. wenn die Versorgung an nicht mehr als insgesamt drei Tagen im Monat stillgelegt oder eingeschränkt wird.

V.

Der Vermieter muß den Mietzins senken, ohne daß es eines besonderen Antrages des Mieters bedarf. Eine Nichtbeachtung der vorstehenden Richtlinien stellt einen Verstoß gegen die Verordnung über das Verbot von Preiserhöhungen dar und ist demgemäß zu behandeln.

VI.

Die obigen Richtlinien gelten grundsätzlich auch für gewerbliche Betriebe. Hier werden jedoch die angegebenen Sätze vielfach den tatsächlichen Verhältnissen nicht gerecht werden. Ich ermächtige daher die Preisbehörden, falls keine Einigung zwischen Vermieter und Mieter zustandekommt, auf Antrag eines der Beteiligten den angemessenen Betrag der Mietzinssenkung festzusetzen. Die Entscheidungen der Preisbehörden sind endgültig."

2. **RE. Nr. 17/40** vom 1. Februar 1940 betr. Mietzinssenkung bei verringerter Sammelheizung (MittBl. I S. 106) unter Berücksichtigung der Neufassung des Absatzes IV Satz 2 durch den RE. Nr. 151/40 vom 16. Dez. 1940 (MittBl. I S. 883):

„Für den Umfang der Mietzinssenkung bei verringerter Sammelheizung erteile ich im Anschluß an meinen Runderlaß Nr. 8/40 folgende Richtlinien:

I.

Sind die Kosten der Sammelheizung vertraglich im Mietzins einbegriffen, so ist der Mietzins in den Wintermonaten um 20 v. H. zu senken, solange die Heizung stillgelegt ist.

Solange die Heizung eingeschränkt ist, ist der Mietzins entsprechend der geminderten Zimmertemperatur (Ziff. IV), mindestens jedoch um 5. v. H. zu senken.

II.

Ist für die Kosten der Sammelheizung ein für die Wintermonate zu zahlender Pauschalbetrag vereinbart, so entfällt dieser Betrag, solange die Heizung stillgelegt ist.

Solange die Heizung eingeschränkt ist, ist der Pauschalbetrag entsprechend der geminderten Zimmertemperatur (Ziff. IV), mindestens jedoch um ein Viertel zu senken.

Ein während des ganzen Jahres zu zahlender Pauschalbetrag gilt als Teil des Mietzinses.

III.

Eine Senkung ist nicht erforderlich, wenn die Heizung an nicht mehr als insgesamt drei Tagen im Monat stillgelegt oder eingeschränkt wird.

IV.

Wintermonate im Sinne des Erlasses sind die Monate, in denen nach dem Mietvertrag geheizt werden muß. Eine Zimmertemperatur von 18 °C für die Zeit von 10 bis 21 Uhr in den vom Mieter hauptsächlich benutzten Räumen gilt als vertragsgemäß im Sinne dieses Erlasses.

V.

Der Vermieter muß den Mietzins um die angegebenen Sätze senken, ohne daß es eines besonderen Antrages des Mieters bedarf. Eine Nichtbeachtung der vorstehenden Richtlinien stellt einen Verstoß gegen die Verordnung über das Verbot von Preiserhöhungen vom 26. November 1936 (RGBl. I S. 955) dar und ist demgemäß zu behandeln.

VI.

Die Preisbehörden sind befugt, auf Antrag eines Beteiligten eine anderweitige Regelung zu treffen, wenn die angegebenen Sätze im Einzelfall zu unbilligen Härten führen würden. Sie entscheiden ferner, wenn zwischen den Beteiligten Streit über die Anwendung dieser Richtlinien besteht.

Für das Verfahren wird eine Gebühr nicht erhoben.

Die Entscheidungen der Preisbehörden sind endgültig."

Der **Reichsminister der Justiz** hat im Einvernehmen mit den beteiligten Stellen der Presse eine Verlautbarung über den Umfang der Beheizungspflicht bei Mieträumen mit Sammelheizung und über die Mietsenkung bei Minderleistungen des Vermieters bei der Beheizung zugeleitet — Deutsche Justiz 1940 S. 1341. Diese Verlautbarung hat folgenden Wortlaut:

„Die dem Wortlaut genau entsprechende Erfüllung von Mietverträgen über Räume mit Sammelheizung wird vielfach nicht mit den behördlichen Einschränkungen des Kohlenverbrauchs in Einklang zu bringen sein. Dieser Umstand ist auch bei der Auslegung solcher Mietverträge oder Hausgemeinschaftsordnungen zu beachten, die eine entsprechende Vorbehaltsklausel nicht enthalten. Bei Erörterungen mit den beteiligten Stellen hat sich nach Mitteilung des Reichsministers der Justiz und des Reichskommissars für die Preisbildung folgende einheitliche Auffassung ergeben:

1. Eine von den vertraglichen Vereinbarungen abweichende Minderleistung des Vermieters bei der Beheizung der Mieträume ist nicht als eine Beeinträchtigung des vertragsmäßigen Gebrauchs der Mietsache anzusehen und berechtigt den Mieter nicht zur Minderung der vereinbarten Miete, wenn die Minderleistung auf der behördlich allgemein angeordneten Einschränkung des Kohlenverbrauchs beruht und eine unter Berücksichtigung dieses Umstands angemessene Erwärmung (18 Grad Celsius) der von dem Mieter hauptsächlich benutzten Räume in der Zeit von 10 bis 21 Uhr erzielt wird. Dies gilt insbesondere auch dann, wenn der vorhandene Kohlenvorrat eine stärkere Beheizung im laufenden Abschnitt der Mietzeit gestatten würde, jedoch mit Rücksicht auf die Ungewißheit der Wetterlage in späteren Abschnitten der Heizperiode im laufenden Abschnitt entsprechend gestreckt werden muß.

2. Ist eine angemessene Beheizung der von dem Mieter hauptsächlich benutzten Räume infolge einer notwendigen Einschränkung des Kohlenverbrauchs nicht mehr zu erzielen, so ist der vertragsmäßige Gebrauch der Mieträume als beeinträchtigt anzusehen und der Mieter grundsätzlich zur Minderung der Miete berechtigt. Das Ausmaß der Minderung bestimmt sich in diesem Falle nach dem Runderlaß des Reichskommissars für die Preisbildung Nr. 17/40 vom 1. Februar 1940 und der diesen Erlaß etwa ergänzenden Anordnung. Danach hat der Vermieter während der Wintermonate den Mietzins je nach dem Grade der Einschränkung um 5 v. H. bis 20 v. H. zu senken. Bei Stillegung der Sammelheizung ermäßigt sich der Mietzins um volle 20 v. H. Eine Senkung ist jedoch nicht erforderlich, wenn die Heizung an nicht mehr als drei Tagen im Monat stillgelegt oder eingeschränkt wird. Die erforderlichen Abzüge sind vom Vermieter vorzunehmen, ohne daß es eines besonderen Antrags des Mieters bedarf. Unterlassungen verstoßen gegen die Preisstopverordnung und werden entsprechend bestraft.

Über die Höhe der im Einzelfall angemessenen Abzüge sollen sich Vermieter und Mieter bei Meinungsverschiedenheiten gütlich einigen. Kommt eine Einigung nicht zustande, entscheidet die zuständige Preisbehörde auf Antrag einer Partei endgültig. Es wird jedoch erwartet, daß eine Inanspruchnahme der Behörden tunlichst unterbleibt.

Soweit die Kosten der Sammelheizung in ihrer tatsächlichen Höhe auf die Mieter umgelegt werden, ist ein Abzug nicht erforderlich, da sich eine etwaige Ersparnis bei der Endabrechnung ohnehin auswirkt."

In einer Allgemeinen Verfügung vom 25. November 1940 — Deutsche Justiz S. 1325 — hat der Reichsjustizminister die Gerichte besonders auf diese Verlautbarung hingewiesen. Der Reichskommissar für die Preisbildung hat durch den RE. vom 16. Dezember 1940 Nr. 151/40 (MittBl. I S. 883) die Preisbehörden von der gemeinsamen Presseverlautbarung in Kenntnis gesetzt.

II.

Für die Preisbildung bei Mieten und Pachten gelten auch im Kriege die Bestimmungen des Runderlasses Nr. 184/37 und der zu seiner Ergänzung ergangenen Erlasse [12].

Die Preisbehörden haben jedoch ohne sachliche Prüfung solche Anträge zurückzuweisen, deren Geltendmachung während des Krieges dem allgemeinen Volksempfinden [13] widerspricht. Dieser Tatbestand kann insbesondere gegeben sein in Fällen, in denen der Antragsteller bereits vor dem Kriege Gelegenheit hatte, seine Ansprüche geltend zu machen, und kein Grund ersichtlich ist, weswegen er gerade während des Krieges den Anspruch auf Mietzinsänderung erhebt, insbesondere also in Bagatellfällen. Eine Zurückweisung ohne sachliche Prüfung kann ferner [14] berechtigt sein, wenn der Antragsgegner zum Heeresdienst eingezogen und aus diesem Grunde nicht in der Lage ist, seine Interessen ausreichend wahrzunehmen. Die Runderlasse Nr. 99/39 (Mitt.-Bl. RfPr. I S. 448) und Nr. 107/39 (Mitt.-Bl. RfPr. II S. 248) werden hiermit aufgehoben [15]).

12. Vgl. die ausführlichen Erläuterungen des Erlasses bei Kiefersauer, Reichsmietengesetz, 6. Aufl. S. 131 bis 199.

13. Die Zurückweisung von Anträgen auf Mietpreiserhöhung oder Mietzinssenkung soll ohne sachliche Prüfung durch die Preisbehörde immer dann erfolgen, wenn die Geltendmachung des Antrags dem **allgemeinen Volksempfinden widerspricht.** Nach dem RE. 184/37 ist die Ermittlung und Festsetzung des volkswirtschaftlich gerechtfertigten Mietzinses Aufgabe der Preisbildung. Der Mietzins soll einerseits die Kosten der Bewirtschaftung des Hauses decken, andererseits dem Mieter die Gewißheit geben, daß er nicht mehr als das dem objektiven Nutzungswert der Räume entsprechende Entgelt für die Raumnutzung zu zahlen braucht, Kiefersauer, DWohnA. 1938, 55. Vgl. auch unten 18.

Diese Grundsätze sollen nunmehr nach dem RE. 55/40 eingeschränkt und die Möglichkeit eröffnet werden, subjektiven Momenten, die auf den besonderen Verhältnissen der Beteiligten beruhen, bei der Behandlung von Mietabänderungsanträgen durch die Preisbehörden Rechnung zu tragen. Soweit diese Regelung als Abwehr überflüssiger Anträge gedacht ist, die ohne sachliche und wirtschaftliche Begründung bloßer Rechthaberei entspringen, ist sie zu begrüßen. Es ist, wie bereits der aufgehobene RE. 99/39 — Kriegsnotrecht S. 49 — mit Recht ausgeführt hat, „nicht zu billigen, wenn Mieter oder Vermieter, die sich bisher mit dem bestehenden Mietzins zufrieden gegeben haben, in dieser Zeit (des Krieges) die Unangemessenheit ihres Mietzinses glauben feststellen zu müssen". Wenn RE. 55/40 diesen Grundsatz wiederholt und diesen Fall als einen besonderen Tatbestand für die Zurückweisung des Mietzinsänderungsantrages ausdrücklich hervorhebt und dabei vor allem die Bagatellfälle im Auge hat, so ist eine solche Auslegung der Vorschrift nicht nur als Abwehrmaßnahme gegen eine Überlastung der Preisbehörden mit unnötigen Verwaltungsarbeiten, sondern auch als ein wirksames Erziehungsmittel zu begrüßen. In diesem Rahmen kann und soll diese Vorschrift auch über die Kriegszeit hinaus Geltung haben.

Wenn aber die Vorschrift eine weitergehende Einschränkung der Grundsätze der Mietpreisbildung auf der Grundlage des objektiven Nutzungswerts durch die grundsätzliche Einbeziehung der subjektiven Verhältnisse der Beteiligten bezweckt, so erscheint eine solche Vermengung objektiver und subjektiver Momente bedenklich. Der Hinweis auf § 49a MSchG. — Lampe

DRW. 1940, 1698 —, wo die Unangemessenheit der Vergütung unter Berücksichtigung der gesamten Verhältnisse der Beteiligten zu ermitteln ist, ist nicht ausschlaggebend. Denn beim Mietwucher handelt es sich darum, den Verstoß gegen die Rechtsordnung, also die Strafwürdigkeit der oder eines der Beteiligten festzustellen, während hier der Antragsteller mit seinem Antrag die Feststellung des durch Minderung oder Erhöhung angestrebten angemessenen, des volkswirtschaftlich gerechtfertigten Mietzinses bezweckt. Der übergeordnete Gesichtspunkt der volkswirtschaftlichen Rechtfertigung eines bestimmten Mietzinses kann und darf aber die subjektiven Verhältnisse der Beteiligten nicht ausschlaggebend berücksichtigen. Dem allgemeinen Volksempfinden widerspricht es, wenn jemand aus nichtigen, aus kleinlichen Gründen Ansprüche auf Mietzinssenkung oder Mietzinserhöhung geltend macht; hier ist die ruhende Rechtslage durch Ablehnung des Antrags zu schützen, auch wenn der geltende Mietzins nicht auf Heller und Pfennig mit dem objektiven Nutzungsentgelt übereinstimmt.

Darüber hinaus aber ist bei wesentlicher Abweichung des vereinbarten Entgelts von dem volkswirtschaftlich gerechtfertigten Mietpreis dem Antrag stattzugeben, auch wenn die persönlichen, insbes. die finanziellen Verhältnisse des Antragstellers es ihm gestatten würden, sich auch weiterhin mit dem bisherigen Mietzins abzufinden. Der vom Standpunkt der Volkswirtschaft — diese dient im nationalsozialistischen Staat ausschließlich der Volksgemeinschaft — aus gerechtfertigte Mietzins würde seinen Sinn verlieren, wenn er im Einzelfall einem unbestimmten allgemeinen Volksempfinden weichen müßte. Demgemäß ist die Zurückweisung eines Änderungsantrages durch die Preisbehörde nur da als zulässig zu erachten, wo entweder die bisherige Haltung des Antragstellers ohne ausreichenden Grund geändert worden ist oder eine nur unbedeutende Abweichung des vereinbarten Mietzinses von dem volkswirtschaftlich gerechtfertigten Mietzins in Frage steht.

Die **Würdigkeit des Schuldners** — vgl. 14 zu § 4 VHV. — als allgemeine Voraussetzung des Rechtsschutzes ist ein Rechtsgrundsatz der als positive Norm jede Rechtslage, jeden Interessenausgleich verbietet, der dem unwürdigen Schuldner einen Schutz gewährt, der dem gesunden Volksempfinden widersprechen würde. Das gleiche gilt für **Würdigkeit des Gläubigers.**

Juden werden Anträge auf Mietzinsänderung jederzeit ohne sachliche Prüfung zurückgegeben werden können, vgl. § 33 VHV., § 9 KAV.

14. Wenn der Gegner des Antragstellers zum Heeresdienst eingezogen und deshalb nicht in der Lage ist, seine Interessen ausreichend wahrzunehmen, so sollen die Preisbehörden den Antrag ohne sachliche Prüfung zurückweisen. Diese Bestimmung wird mit der Beendigung des Krieges gegenstandslos.

15. Der RE. 99/39 hat die Preisbehörden angewiesen, Mietzinssenkungs- und -erhöhungsanträge für Wohnräume, die nach dem 1. Sept. 1939 bei ihnen eingegangen sind, kurzerhand den Antragstellern zurückzugeben. Eine gleiche Anweisung ist durch den RE. 107/39 vom 20. Okt. 1939 hinsichtlich der Geschäftsräume ergangen; insbesondere mußten grundsätzlich alle Senkungsanträge abgelehnt werden, die sich auf die durch die Kriegsbewirtschaftung entstandenen Verhältnisse stützten. Vgl. aber unten 19.

Ferner weise ich auf folgendes hin:

1. Wohnräume:

a) Bei Anträgen auf Erhöhung von Wohnraummieten ist zu berücksichtigen, daß es für die Mieter infolge der heutigen Wohnungsschwierigkeiten vielfach nicht möglich ist, eine andere Wohnung zu finden. Es müssen deshalb bis auf weiteres bei Anträgen auf Mietzinserhöhung nicht nur die objektiven Voraussetzungen, sondern auch die Frage geprüft werden, ob der Mieter eine etwaige Mietzinserhöhung tragen 16 kann. Wird das verneint, so ist das Inkrafttreten der Mietzinserhöhung auch über die in Ziffer 56 des Runderlasses Nr. 184/37 vorgesehenen Fristen hinaus ganz oder teilweise hinauszuschieben.

b) Nach den mir zugegangenen Berichten ist in verschiedenen Stadt- und Landkreisen mit gutem Erfolg eine enge Zusammenarbeit zwischen der für die Gewährung der Familienunterstützung zuständigen Dienststelle und der Preisbehörde angebahnt worden[17]. Die Preisbehörden sind dabei vielfach auf überhöhte Mieten aufmerksam gemacht worden und haben deren Senkung vornehmen können. Ich ersuche daher, die Zusammenarbeit auch dort aufzunehmen, wo es bisher noch nicht geschehen ist.

16. Die persönlichen Verhältnisse des Mieters sind bei der Mietpreisbildung nach Ziff. 56 des RE. 184/37 — Kiefersauer, Reichsmietengesetz 6. Aufl. S. 185 — grundsätzlich nicht zu berücksichtigen. Zur Vermeidung einer zu starken Mehrbelastung des Mieters dürfen die Preisbehörden bei Erhöhungen um mehr als 10 v. H. Teilbeträge des Steigerungsbetrages in Abständen bis zu einem halben Jahr in Kraft setzen. Diese Verteilung soll nach der neuen Anweisung über noch größere Zeiträume, unter Umständen bis zum Freiwerden der Wohnung möglich sein, Lampe DRW. 1940, 1698. Voraussetzung ist, daß der Mieter einerseits den durch die Erhöhung verwirklichten objektiv angemessenen Mietpreis nicht aufbringen kann, daß er aber andererseits sich im Laufe der Zeit eine andere Wohnung zu beschaffen vermag.

Auch diese Bestimmung wird mit Rücksicht auf die Erhaltung der Bewirtschaftung des Hauses nur mit starker Zurückhaltung anzuwenden sein.

17. Aus Mitteln des Familienunterhalts werden in den meisten Fällen die Miet- und Pachtzinsverpflichtungen bestritten. Die Dienststelle hat daher ein Interesse daran, daß der Miet-(Pacht)zins, den sie übernimmt, angemessen ist. Daraus haben sich in der Praxis regelmäßige Verhandlungen zwischen Preisbehörde und Dienststelle entwickelt, deren Pflege vom RfPr. ausdrücklich gebilligt wird. Dies gilt nicht nur für Wohnraummieten, sondern auch für Geschäftsraummieten.

2. Geschäftsräume:

a) Eine Senkung von Geschäftsraummieten durch die Preisbehörde kommt nur in Betracht, soweit der Mietzins objektiv[18] als zu hoch anzusehen ist. Macht der Mieter geltend, daß er mit Rücksicht auf einen durch den Krieg verursachten Umsatzrückgang[19] zur Weiterzahlung der Miete nicht in der Lage sei, so ist ihm anheimzugeben, eine Beihilfe gemäß dem Runderlaß des Reichswirtschaftsministers vom 30. Dezember 1939 (RMBliV. 1940 S. 185) nebst Durchführungsvorschriften vom 30. Januar 1940 (RMBliV. 1940 S. 265) oder eine Mietsenkung auf Grund der Vertragshilfe-Verordnung vom 30. November 1939 (RGBl. I S. 2329) zu beantragen.

b) Die Ausfälle, die die Eigentümer von Geschäfts- und Industriehäusern teilweise durch Umsatzrückgang bei ihren Mietern erleiden werden, lassen es wünschenswert erscheinen, etwa noch vorhandene Krisenmieten[20], deren Erhöhung für den Mieter wirtschaftlich tragbar ist, so schnell wie möglich zu beseitigen. Soweit der Mieter sich mit der Erhöhung einer Krisenmiete schriftlich einverstanden erklärt, werden die Preisbehörden sie im allgemeinen in einem vereinfachten Verfahren ohne besondere Wirtschaftlichkeitsprüfungen genehmigen können. Bedenken gegen ein solches Verfahren bestehen um so weniger, als der nunmehr auch für Geschäftsräume geltende Mieterschutz die Möglichkeit ausschließt, daß sich die Geschäftsraummieter lediglich deshalb mit einer Mietzinserhöhung einverstanden erklären, weil sie anderenfalls eine Kündigung befürchten müssen.

18. Die Betonung des objektiven Miet- oder Pachtzinses überrascht hier, nachdem dem subjektiven Moment im allgemeinen ein erweiterter Spielraum eingeräumt worden ist, oben 13.

19. Der **Umsatzrückgang** als Begründung des Antrages auf Herabsetzung des Miet(Pacht)zinses kann auch im Verfahren vor der Preisbehörde geltend gemacht werden; die bisherige Einstellung des RfPr. zu dieser Frage ist aufgegeben, oben 15.

Soweit bei einem Gewerbetreibenden, der infolge der Auswirkungen des Krieges genötigt ist, seinen Betrieb stillzulegen, umzustellen oder erheblich einzuschränken und hierdurch in seiner wirtschaftlichen Leistungsfähigkeit wesentlich beeinträchtigt wird, der von ihm zu zahlende Miet(Pacht)zins in einem erheblichen Mißverhältnis zu dem verminderten Ertrag des Gewerbebetriebes steht, kann er unter den Voraussetzungen des § 4 VHV. Antrag auf Herabsetzung des Miet(Pacht)zinses beim Vertragshilferichter beantragen. Wird dieses Verfahren eingeleitet, nachdem bereits Antrag bei der Preisbehörde gestellt war, so hat der Vertragsrichter, der gemäß § 13 VHV. vom Antragsteller davon in Kenntnis zu setzen ist, vor seiner Entscheidung den Ausgang des Verfahrens vor der Preisbehörde abzuwarten, § 15 Abs. 2 VHV. Die Verweisung des Antragstellers an den Vertragshilferichter kommt hiernach in diesem Fall nicht in Frage; die Bestimmungen des § 15 Abs. 2 VHV. dürften den Vorrang vor der Anweisung des RfPr. haben. Die Preisbehörde muß — wenn der Antragsteller darauf besteht — einen Antrag auf Miet(Pacht)herabsetzung verbescheiden, auch wenn die Voraussetzungen des § 4 VHV. vorliegen oder wenn der Antragsteller vorher oder nachher um Vertragshilfe nachgesucht hat. Die „Anheimgabe" ist daher nicht als eine den Antragsteller verpflichtende Verweisung anzusehen, vgl. 5 zu § 15 VHV.

Das gleiche gilt hinsichtlich der Verweisung auf die Beihilfe des Reichswirtschaftsministers. Über die Auswirkungen dieses Beihilfeverfahrens gelten die gleichen Gesichtspunkte wie für das Vertragshilfeverfahren, vgl. 12 zu § 4 VHV.

Zu beachten ist, daß die richterliche Vertragshilfe nur für Miet- und Pachtverträge gilt, die vor dem 1. Sept. 1939 abgeschlossen worden sind; für die Beihilfe sind Ausnahmen zugelassen, unten S. 135 Ziff. II.

20. Die Beseitigung der sog. **Krisenmieten** — Ziffer 48 bis 58 RE. 184/37; Kiefersauer, Reichsmietengesetz 6. Aufl. S. 180 bis 187 — ist eine vordringliche Aufgabe der Preisbehörden, weil ihr Vorhandensein eine Ausgleichung der durch den gegenwärtigen Krieg verursachten Gleichgewichtsstörungen auf dem Grundstücksmarkt sehr erschwert. Das vom RfPr. empfohlene abgekürzte Verfahren ist zu begrüßen.

Die Beseitigung der Krisenmieten ist auch eine Voraussetzung für eine gerechte Entscheidung im Vertragshilfeverfahren gemäß § 4 VHV.

II. Erlaß betr. Erhöhung des Mietzinses auf Grund baulicher Verbesserungen.

Durch den Erlaß vom 20. Oktober 1938 (MittBl. I Nr. 34 S. 3) — Kiefersauer, Reichsmietengesetz 6. Aufl. S. 175 (auszugsweise) — hat der RfPr. zur Durchführung der Ziffer 42 des RE. 184/37 Richtlinien für die Festsetzung bestimmter Mieterhöhungssätze veröffentlicht. Durch RE. **Nr. 56/40** vom 10. Mai 1940 (MittBl. I S. 301) betr. Mietzinserhöhung bei Einrichtung endgültiger Luftschutzräume in bestehenden Gebäuden ist der Erlaß vom 20. Okt. 1938 durch Einfügung einer **Ziffer 7** erweitert worden. In der Neufassung erhält der Erlaß folgenden Wortlaut:

Nach Ziffer 42 des Runderlasses Nr. 184/37[1]) ist bei Durchführung baulicher Verbesserungen eine Erhöhung des Mietzinses insoweit zuzulassen, als sie notwendig ist, um eine angemessene Verzinsung und Abschreibung des aufgewendeten Kapitals zu ermöglichen. Um die Durchführung dieser Vorschrift zu erleichtern und zu vereinfachen, haben die Preisbehörden teilweise für die am häufigsten vorkommenden Verbesserungen bestimmte Sätze oder Berechnungsmethoden festgesetzt, nach denen sie die zulässige Mieterhöhung errechnen. Dieses Verfahren hat sich bewährt und insbesondere eine wesentliche Beschleunigung der Entscheidungen ermöglicht. Ich empfehle daher, es allgemein anzuwenden. Um die erforderliche Einheitlichkeit zu wahren, ersuche ich, dabei folgende **Richtlinien** zu beachten:

1. Neuanlage einer elektrischen Lichtleitung.

Angemessen ist eine Mieterhöhung von jährlich 10 v. H. der Anlagekosten. Der Betrag ist nach dem Maßstab der angelegten Brennstellen auf die einzelnen Mieter zu verteilen.

2. Neueinrichtung einer elektrischen Treppenhausbeleuchtung.

Angemessen ist eine Mieterhöhung von 12,— RM. jährlich je Brennstelle. Der Betrag verteilt sich in jedem Stockwerk zu gleichen Teilen auf die vorhandenen Wohnungen.

---

[1]) Nur die halbe Gebühr ist nach § 9 Abs. 4 der Kostenordnung vom 6. Januar 1941 (RGBl. I S. 29) zu erheben.

Wenn elektrische Treppenhausbeleuchtung an Stelle von Gasbeleuchtung eingerichtet wird, ist eine Mieterhöhung nicht berechtigt.

3. Neueinrichtung einer Waschküche.

Die Berechnung muß getrennt für die allgemeinen Baukosten (Wände, Türen, Fenster) und die Einrichtungskosten (Waschofen und Kessel) vorgenommen werden. Angemessen ist eine Erhöhung der Jahresmiete in Höhe von 8 v. H. der aufgewandten Baukosten und in Höhe von 15 v. H. der übrigen Einrichtungskosten. Der Betrag ist zu gleichen Teilen auf die im Hause vorhandenenen Wohnungen zu verteilen.

4. Neueinrichtung von Badezimmern und Wasserspülklosetts.

Auch hier ist die Berechnung für die Baukosten (Wände, Leitungen, Fliesen) und die Einrichtungskosten (Wanne, Ofen, Waschbecken, Klosettbecken) getrennt durchzuführen. Von den Baukosten sind 8 v. H., von den übrigen Einrichtungskosten 12 v. H. Erhöhung der Jahresmiete zuzubilligen.

5. Anlage einer Zentralheizung und Warmwasserversorgungseinrichtung sowie Neuaufstellung von Öfen und Herden in Zimmern, die früher nicht heizbar waren.

Angemessen ist eine Erhöhung der Jahresmiete in Höhe von 10 v. H. der aufgewandten Kosten.

6. Anlage einer Fahrstuhleinrichtung.

Angemessen ist eine Erhöhung der Jahresmiete in Höhe von 15 v. H. der Anlagekosten. Der Betrag ist auf die im Hause vorhandenenen Wohnungen zu gleichen Teilen zu verteilen, sofern nicht aus besonderen Gründen eine andere Art der Verteilung geboten ist.

7. Anlage eines endgültigen Luftschutzraumes[2]).

Angemessen ist eine Erhöhung der Jahresmiete um 7 v. H. der Anlagekosten. Der Betrag ist im Verhältnis der einzelnen

---

[2]) Eingefügt durch den RE. **Nr. 56/40** vom 10. Mai 1940 (MittBl. I S. 301), der — abgesehen von der oben wiedergegebenen Ziffer 7 — folgenden Wortlaut hat:

Mieten auf die im Hause vorhandenen Wohn- und Geschäftsräume zu verteilen.

Der Antrag auf Mietzinserhöhung ist in doppelter Ausfertigung nach dem in der Anlage abgedruckten Muster zu stellen. Eine Bescheinigung der Baupolizei über die Ordnungsmäßigkeit der Anlage und die Angemessenheit der dafür eingesetzten Preise ist beizufügen; ferner eine Bescheinigung des Luftschutzwartes, daß er von dem Antrag Kenntnis hat. Die Kenntnis des Luftschutzwartes wird in der Regel eine besondere Anhörung der Mieter überflüssig machen.

Die Preisbehörde setzt ihren Genehmigungsvermerk auf ein Doppel des Antrages, das dem Vermieter zurückzugeben ist.

*

Die Mieterhöhungen sind ohne zeitliche Beschränkung zuzulassen. Gleichzeitig ist aber der Vermieter zu verpflichten, bei Unbrauchbarwerden der hergestellten Einrichtung diese gleichwertig zu erneuern. Eine Verletzung dieser Pflicht stellt einen Verstoß gegen die Preisstopverordnung dar.

Betrifft: Mietzinserhöhung bei Einrichtung endgültiger Luftschutzräume in bestehenden Gebäuden.

Endgültige Luftschutzmaßnahmen in bestehenden Gebäuden, die den Schutzraumbestimmungen vom 4. Mai 1937 (RGBl. I S. 568) und den sich auf endgültige Baumaßnahmen beziehenden Vorschriften der Bestimmungen über die behelfsmäßige Herrichtung von Luftschutzräumen in bestehenden Gebäuden vom 17. August 1939 (RGBl. I S. 1393) entsprechen, sind als bauliche Verbesserungen anzusehen. Der Vermieter kann daher auf Grund von Ziff. 42 meines Runderlasses Nr. 184/37 bei der Preisbehörde eine Mietzinserhöhung beantragen, die die zur Verzinsung und Tilgung des aufgewendeten Kapitals notwendigen Kosten deckt. Um die erforderliche Einheitlichkeit der Anträge zu sichern, erhält der zur Durchführung der Ziff. 42 ergangene Erlaß vom 20. Oktober 1938 (Mitt.-Bl. RfPr. I Nr. 34 S. 3) folgende Ziff. 7: (oben abgedruckt); vgl. hierher Bormann, MittBl. I 1940 S. 302.

Die angegebenen Beträge umfassen die Verzinsung und Amortisation des aufgewandten Kapitals und enthalten auch die Abgeltung für die mit der Neuanlage verbundenen Betriebs- und Instandhaltungskosten. Nur in den Fällen der Nr. 4 und 5 sind die Betriebskosten noch nicht berücksichtigt. Der Wasserverbrauch bei der Einrichtung eines Badezimmers (Nr. 4) kann bei einer Wohnung, die aus Stube und Küche besteht, mit etwa 4 cbm monatlich, bei zwei Zimmern und Küche mit etwa 6 cbm, bei größeren Wohnungen mit 8—10 cbm angenommen werden.

Zur Vermeidung von Zweifeln weise ich noch einmal darauf hin, daß eine Mieterhöhung auf Grund von Ziffer 42 des Runderlasses Nr. 184/37 nur in Betracht kommt, wenn es sich um Neueinrichtungen handelt, nicht aber, wenn veraltete oder verbrauchte Einrichtungen durch neue ersetzt werden. Im letzteren Falle handelt es sich um Instandhaltungsarbeiten, deren Kosten die Vermieter selbst zu tragen haben (vgl. Ziff. 42 Satz 4).

Die Zubilligung von Mieterhöhungen wegen baulicher Verbesserungen kommt grundsätzlich nur für Arbeiten in Betracht, die nach dem 15. Oktober 1937 vorgenommen sind, da bis dahin der Vermieter die Möglichkeit hatte, eine der vorgenommenen Verbesserung entsprechende Mieterhöhung ohne Anrufung der Preisbehörde vorzunehmen (vgl. Abschnitt II des Runderlasses Nr. 153/37)[3]). Ausnahmen können zugelassen werden, wenn der Vermieter zweifelsfrei nachweist, daß er aus besonderen Gründen von dieser Möglichkeit vor dem 15. Oktober 1937 keinen Gebrauch machen konnte.

Die vorstehend angegebenen-Sätze sind auch zugrunde zu legen, wenn bei einer Preisbehörde die Zustimmung zur Erhebung einer Zusatzmiete gemäß § 13a des Reichsmietengesetzes[4]) beantragt werden sollte, oder wenn ein Mieteinigungsamt auf Grund der allgemeinen Verfügung des Herrn Reichsjustiz-

---

[3]) Kiefersauer, Reichsmietengesetz 6. Aufl. S. 125.
[4]) Kiefersauer, Reichsmietengesetz 6. Aufl. S. 48.

ministers vom 5. April 1938[5]) die Zustimmung der Preisbehörde zur Erhöhung einer Friedensmiete wegen baulicher Verbesserungen beantragt. Im letzteren Fall ist jedoch entsprechend dem Unterschied zwischen der gesetzlichen Miete und der Friedensmiete eine Kürzung um 10 v. H. vorzunehmen. Die Richtsätze können ferner als Maßstab dienen, wie weit bei Altwohnungen auf Grund der Anweisungen in Absatz 4 meines Runderlasses vom 6. April 1938[6]) eine Überschreitung der gesetzlichen Miete zugelassen werden kann. Wenn der Vermieter in der Vergangenheit höhere Beträge verlangt hat, ist dies entsprechend zu berücksichtigen.

III. Erlaß betr. Neueinführung und Erhöhung gemeindlicher Gebühren und Beiträge.

Der Reichsminister des Innern hat auf Veranlassung des RfPr. am 21. Juni 1940 (RMBliV. 1940 S. 1205) nachstehenden Runderlaß herausgegeben:

(1) In der letzten Zeit sind bei den Preisbildungsstellen zahlreiche Anträge auf Genehmigung der Neueinführung und Erhöhung gemeindlicher Gebühren und Beiträge eingegangen. Es handelte sich dabei insbesondere um Gebühren und Beiträge für Müllabfuhr, Straßenreinigung und Kanalisation, die im wesentlichen dem Hausbesitz zur Last fallen. Jede neue Belastung des Hausbesitzes gefährdet indessen das Mietpreisniveau, weil die Preisbehörden in der Regel eine Abwälzung der Mehrbelastungen auf die Mieter zulassen müssen. Die Stabilität der Mieten muß jedoch während des Krieges unter allen Umständen gewährleistet bleiben.

(2) Im Einvernehmen mit dem RFM. und dem RfPr. ersuche ich daher, gemeindliche Gebühren und Beiträge für solche Einrichtungen, die schon vor dem 1. 9. 1939 bestanden haben und nicht erweitert oder verändert worden sind, grundsätzlich nicht zu erhöhen. Dies gilt auch dann, wenn die z. Z.

---

[5]) Kiefersauer, Reichsmietengesetz 6. Aufl. S. 216.
[6]) Kiefersauer, Reichsmietengesetz 6. Aufl. S. 222.

erhobenen Gebühren die Unkosten der Einrichtung nicht vollständig decken, sei es, daß sie von vornherein zu niedrig berechnet waren oder daß sie im Laufe der Zeit gestiegen sind.

(3) Die Schaffung neuer und die Erweiterung bestehender gemeindlicher Einrichtungen der genannten Arten wird während der Dauer des Krieges nur auf solche Ausnahmefälle zu beschränken sein, in denen die Schaffung oder Erweiterung der Einrichtungen unabweisbar notwendig ist. Dies wird insbesondere dann der Fall sein, wenn sich Gemeinden während des Krieges durch große industrielle Neubauten und damit verbundene Siedlungsvorhaben wesentlich erweitern. Die Gebühren sind in diesen Fällen so festzusetzen, daß sie die Verwaltungs- und Unterhaltungskosten der Veranstaltung einschließlich der Ausgaben für die Verzinsung und Tilgung des aufgewendeten Kapitals decken, den Gemeinden aber nicht darüber hinaus eine zusätzliche Einnahme verschaffen.

(4) Die Gemeindeaufsichtsbehörden ersuche ich, die Beobachtung dieser Anweisungen sorgfältig zu überwachen. Die Preisbildungsstellen wird der RfPr. mit den erforderlichen Weisungen versehen.

Wegen der Anliegerbeiträge ergeht ein besonderer Erlaß des RAM.

Der Reichskommissar für die Preisbildung hat diesen RdErl. den Preisbildungsstellen durch **RE. Nr. 85/40** vom 19. Juli 1940 (MittBl. I S. 541) zur Kenntnis und Beachtung mitgeteilt und im Anschluß daran nachstehende Anordnung getroffen:

Vor der Erteilung einer Ausnahmegenehmigung, durch die der Einführung oder Erhöhung von kommunalen Gebühren und Beiträgen für Straßenbau und Straßenunterhaltung, für Müllabfuhr, Kanalisation oder Straßenreinigung zugestimmt[1])

---

[1]) Hinsichtlich der Form der Ausnahmebewilligung bestimmt die Anweisung des RPr. vom 3. Dez. 1940 (A — 20 — 2443) — MittBl. II S. 349 —, daß abweichend von der Regel gegenüber Gemeinden (Gemeindeverbände) von dem Vorbehalt des Widerrufs abzusehen ist; die Ausnahmebewilligung muß aber befristet werden.

wird, ist mir zu berichten. In dem Bericht ist insbesondere eingehend darzulegen, wie der Hausbesitz durch die Ausnahmegenehmigung belastet wird und ob eine Überwälzung der Belastung auf die Mieter notwendig erscheint.

Die vorstehend getroffene Regelung gilt bis zum Ergehen des in Vorbereitung befindlichen Sondererlasses auch für Anliegerbeiträge.

Für die **Anliegerbeiträge** und die sonstigen im Hinblick auf die Straßenherstellung erhobenen Leistungen hat der Reichsarbeitsminister im Einvernehmen mit dem RMdJ. und dem RfPr. durch Runderlaß vom 15. November 1940 (RMBliV. S. 2231) die folgenden, nunmehr allein maßgebenden Bestimmungen getroffen:

„1. Die Anliegerbeiträge sind in der heute durchschnittlich sich ergebenden Höhe für die gesamte Bautätigkeit, namentlich für die Gestaltung der Mieten und Lasten, von erheblicher Bedeutung. Die unbedingte Notwendigkeit, jede Erhöhung der Baukosten zu vermeiden, zwingt daher gerade bei der Neueinführung oder Erhöhung von Anliegerbeiträgen zu besonderer Vorsicht. Dazu kommt, daß angesichts der Vorarbeiten zu einer reichsrechtlichen Neuregelung dieses Rechtsgebiets jede Änderung des gegenwärtigen Zustandes grundsätzlich unerwünscht ist.

2. Ich ersuche daher, alle Anträge auf Bestätigung von Satzungen oder Gemeindebeschlüssen, durch die Anliegerbeiträge neueingeführt oder die bestehenden Anliegerlasten zuungunsten der Anlieger geändert werden, mir mit eingehendem Bericht zur Zustimmung vorzulegen. Das gleiche gilt auch von den sonstigen im Hinblick auf die Straßenherstellung erhobenen Leistungen, also vor allem den Sicherheitsleistungen für die künftigen Anliegerlasten und den im Baugenehmigungs- oder Abteilungsbewilligungsverfahren für die Kosten der Straße zu bewirkenden Ersatzleistungen, wie sie z. B. in Bayern und einigen Reichsgauen der Ostmark gefordert werden. Auch die Errichtung von Pflasterkassen und die Änderung der bestehenden Pflasterkassenverträge zuungunsten der Anlieger bedarf meiner Zustimmung. Ich werde meine Entscheidung im Einvernehmen mit dem RMdJ. und dem RfPr. treffen.“

C. Vertragshilfe des Richters und Beihilfen zur Mietzahlung.

Vorbemerkung.

I.

Die **Vertragshilfeverordnung** vom 30. November 1939 — VHV. — hat in den §§ 4, 5, 15 und 25 Sonderbestimmungen für die Miet- und Pachtverhältnisse über Räume und Grundstücke getroffen. Dabei sind in § 4 Abs. 3 bestimmte Arten der Raumnutzung und die gewerbliche Grundstücksnutzung bezeichnet, für die nicht die allgemeinen Bestimmungen des § 3 über die Abwicklung gegenseitiger Verträge, sondern gemäß § 3 Abs. 4 Satz 2 nur die besonderen Bestimmungen der §§ 4 und 5 VHV. über die Herabsetzung des Miet- und Pachtzinses sowie über die Auflösung der Miet- und Pachtverhältnisse zur Anwendung zu bringen sind. Für Miet- und Pachtverhältnisse, die nicht unter die Begriffsbestimmung des § 4 Abs. 3 fallen, verbleibt es aber bei der Regelung des § 3 VHV.

Für Mieter und Pächter ist weiterhin die Vorschrift des § 6 über die Vertragshilfe zugunsten von Schuldnern bedeutsam, die von der Räumung oder Freimachung von Gebietsteilen oder von ähnlichen Kriegsauswirkungen betroffen werden. Über den Einfluß einer auf Grund der allgemeinen Vorschrift des § 2 oder der besonderen Bestimmung des § 6 dem Mieter (Pächter) bewilligten Stundung oder Teilzahlung auf das Recht des Vermieters (Verpächters) zur Kündigung oder Erhebung der Mietaufhebungsklage enthält § 25 VHV. besondere Bestimmungen.

Zur Abmilderung der dem Vermieter (Verpächter) aus der dem Mieter gemäß §§ 4, 5 gewährten Vertragshilfe entstehenden Verluste ist in § 7 VHV. auch dem Grundstückseigentümer die Möglichkeit gegeben, nach bestimmter Richtung die Vertragshilfe des Richters in Anspruch zu nehmen.

Die Bewilligung von Stundung oder Teilzahlungen auf Grund des § 2 VHV. ist nicht zulässig für reine Wohnräume, für solche Mischräume, bei denen weder ein räumlicher noch ein wirtschaftlicher Zusammenhang zwischen Wohnraum und Gewerberaum besteht und für Geschäftsräume, die nicht gewerblich genutzt werden. In diesen Fällen ist nur die Bewilligung von Zahlungsfristen auf Grund der Verordnung vom 7. Okt. 1939 möglich, unten III.

Der Preisbehörde ist im Vertragshilfeverfahren ein unmittelbarer Einfluß nicht eingeräumt. Anträge auf Herabsetzung der Miet(Pacht)zinsen können daher vom Mieter (Pächter) wie bisher bei der Preisbehörde nach den Grundsätzen des RE. 184/37 in Verbindung mit dem RE. 55/40 gestellt werden, vgl. 19 zum RE. 55/40. Soweit die besonderen Voraussetzungen des § 4 VHV. vorliegen, kann der Mieter (Pächter) auch die Vertragshilfe des Richters in Anspruch nehmen. Laufen beide Verfahren nebeneinander, so soll nach § 15 Abs. 2 VHV. der Vertragshilferichter vor seiner Entscheidung den Ausgang des Verfahrens vor der Preisbehörde abwarten. Über die zweckdienliche Zusammenarbeit zwischen Preisbehörde und Vertragshilferichter enthält § 15 Abs. 2 VHV. einige Vorschriften.

In persönlicher Hinsicht ist zu beachten, daß die richterliche Vertragshilfe von Juden oder jüdischen Unternehmen — § 5 der Ersten VO. zum Reichsbürgergesetz vom 14. Nov. 1935 (RGBl. I S. 1333), §§ 1—3 der Dritten VO. zum Reichsbürgergesetz vom 14. Juni 1938 (RGBl. I S. 627) — nicht in Anspruch genommen werden kann, § 33 VHV. Diese können auch nicht die Eröffnung des Kriegsausgleichsverfahrens beantragen, § 9 KAV.

Im Wege der Vertragshilfe kann auf Antrag des Mieters (Pächters) von Räumen, die im Freimachungsgebiet liegen, deren Rechtsverhältnis vom Mieter (Pächter) aus Anlaß der Freimachung beendet worden ist, der Richter die Wirkung der Kündigung des Mieters (Pächters) oder seiner Berufung auf die Beendigung des Miet(Pacht)verhältnisses gemäß § 1n MSchG. aufheben, das neue Miet(Pacht)verhältnis auflösen und die Herausgabe der Räume an den Antragsteller anordnen, § 2 der Verordnung über die Behandlung von Miet- und Pachtverträgen über Räume aus Anlaß der Freimachung der westlichen Grenzgebiete vom 15. Juli 1940 (RGBl. I S. 995); vgl. Vorbem. III zu Abschnitt A.

II.

Die Verordnung über das **Kriegsausgleichsverfahren** vom 30. Nov. 1939 — KAV. — bildet in gewisser Beziehung eine Ergänzung der Vertragshilfeverordnung, insofern sie die Fälle umfaßt, in denen der Schuldner zahlungsunfähig geworden oder überschuldet ist. Die Vorschriften der §§ 1ff. VHV. gelten nicht für einen Schuldner, der zahlungsunfähig ist oder sich im Zustand der Umschuldung befindet, soweit Überschuldung als Konkursgrund gilt, § 1 Abs. 3 VHV.

Um einem solchen Schuldner das Konkursverfahren zu ersparen, gewährt ihm die KAV. die Möglichkeit, ein besonders gestaltetes Vergleichsverfahren zu beantragen, dem jeder Charakter einer Kreditschädigung fehlt.

Neben der Möglichkeit, mit Ermächtigung des Richters gemäß § 51 der Vergleichsordnung vom 26. Febr. 1935 (RGBl. I S. 321) Miet- und Pachtverträge ohne Rücksicht auf die vereinbarte Kündigungsdauer unter Einhaltung der gesetzlichen Frist zu kündigen, wird dem Mieter (Pächter) nach § 7 KAV. das Recht eingeräumt, die Herabsetzung des Miet(Pacht)zinses für die Geschäftsräume gemäß den Vorschriften des § 4 VHV. zu beantragen. Die Vorschrift des § 1 Abs. 3 VHV. bleibt hierbei außer Betracht.

III.

Die Verordnung über die **Bewilligung von Zahlungsfristen** in Rechtsstreitigkeiten vom 7. Oktober 1939 hat durch die Einbeziehung in die §§ 24, 25 VHV. eine nicht unerhebliche Ausdehnung ihres Geltungsbereichs erfahren; sie bildet in gewisser Hinsicht eine Ergänzung der Vertragshilfeverordnung, die besonders für Miet- und Pachtverhältnisse von Bedeutung ist.

Unmittelbare Anwendung findet die Verordnung vom 7. Oktober 1939 auf alle Miet- und Pachtverhältnisse, für die mangels eines Zusammenhangs des Miet- und Pachtzinses mit dem Gewerbebetrieb die Bewilligung einer Stundung oder Teilzahlung gemäß § 2 VHV. nicht in Betracht kommt, oben I. Ist eine Zahlungsfrist auf Grund der Verordnung wegen eines Miet(Pacht)rückstandes bewilligt, so wird die Wirksamkeit einer vom Vermieter (Verpächter) ausgesprochenen Kündigung aufgehoben, soweit die Voraussetzungen der Kündigung hinsichtlich des Rückstandes durch die Bewilligung der Zahlungsfrist beseitigt sind, § 25 Abs. 1 Satz 2 VHV. Wegen der Auswirkungen auf ein anhängiges Mietaufhebungsverfahren vgl. 5 zu § 25 VHV.

Die entsprechende Anwendung der Verordnung vom 7. Okt. 1939 nach § 25 Abs. 2 VHV. gestattet die Bewilligung einer Zahlungsfrist im Räumungs- oder Mietaufhebungsverfahren auch dann, wenn der Vermieter (Verpächter) eine Klage auf Zahlung des Miet(Pacht)rückstandes nicht erhoben hat.

IV.

1. Die Gewährung von Beihilfen zur Mietzahlung bei gewerblichen Räumen des Handels.

Inhaber von Handelsbetrieben oder gewerblichen Garagenbetrieben können nach dem Runderlaß des Reichswirtschaftsministers vom 30. Dez. 1939 auf Antrag **zur Bestreitung der Miete oder Pacht** aus Verträgen, die sie vor dem 1. Sept. 1939 über den von ihnen gewerblich genutzten Raum geschlossen haben, eine **Beihilfe** erhalten. Diese Möglichkeit ist von dem Vertragshilferichter zu berücksichtigen, wenn bei ihm Anträge auf Bewilligung von Stundung oder Teilzahlung für die Miete (Pacht) gemäß § 2 VHV., auf Herabsetzung der Miete (Pacht) gemäß § 4 VHV. oder auf eine Regelung der dem Antragsteller als Grundstückseigentümer obliegenden Verbindlichkeiten gemäß § 7 VHV. gestellt werden. Die Beihilfe hat hiernach den Vorrang vor der Vertragshilfe.

Voraussetzung für die Gewährung der Beihilfe ist, daß der Handeltreibende infolge eines Umsatzrückganges aus Anlaß des Krieges auch bei angemessener Berücksichtigung seiner sonstigen Mittel nicht in der Lage ist, seine laufenden Miet- oder Pachtverpflichtungen weiterhin in vollem Umfange zu tragen, ohne daß die Weiterführung oder die spätere Wiedereröffnung seines Betriebes gefährdet wird.

Zu beachten ist, daß die Beihilfe in keinem Falle die Miet-(Pacht)zinsverpflichtung in voller Höhe deckt, sondern im Höchstfalle nur zu 80 v. H. der vertraglichen Miete oder Pacht.

Der Runderlaß vom 30. Dez. 1939 und die Durchführungs-Richtlinien vom 30. Jan. u. 5. Dez. 1940 sind S. 126 abgedruckt.

2. Die Gemeinschaftshilfe der Wirtschaft.

Die Ziele der Gemeinschaftshilfe der Wirtschaft werden im Vorspruch zu der Verordnung vom 19. Febr. 1940 (RGBl. I

S. 395) wie folgt umschrieben: „Im Zuge der zur Anpassung der Wirtschaft an die Verhältnisse des Krieges erforderlichen Maßnahmen wird sich für einzelne Unternehmungen die Notwendigkeit der Stillegung ergeben. Um die volkswirtschaftlichen Werte der zum Stillstand kommenden Unternehmungen der Gesamtwirtschaft zu erhalten und um ihre Arbeitsplätze für künftige Zeiten zu sichern, sollen diesen Unternehmungen in gerechtfertigten Fällen Beihilfen gewährt werden. Die Aufbringung und Verteilung der hierzu erforderlichen Mittel ist eine Gemeinschaftsaufgabe der Wirtschaft."

Die Verordnung ermächtigt in § 1 die den Reichsgruppen Industrie, Handel und Energiewirtschaft nachgeordneten Gruppen und die Reichsverkehrsgruppen (mit Ausnahme der Reichsverkehrsgruppe Seeschiffahrt) laufende Beihilfen nach Richtlinien zu gewähren, für die die Reichswirtschaftskammer gemäß § 3 Abs. 1 der Ersten Durchführungsverordnung vom 3. Mai 1940 (RGBl. I S. 737) einheitliche Grundsätze erlassen kann. Beihilfefähig sind grundsätzlich nur Betriebe, die im Zuge kriegswirtschaftlicher Maßnahmen zum Stillstand gekommen sind; ein Rechtsanspruch auf Gewährung einer Beihilfe ist nicht eingeräumt.

Der Reichsstand des Deutschen Handwerks kann nach § 4 der Verordnung für Betriebe, die durch kriegswirtschaftliche Maßnahmen in ihrem Bestande gefährdet sind, Beihilfen gewähren; maßgebend ist die Beihilfeordnung vom 2. Juli 1940 (MABl. 1940, 349).

Von dieser Sonderregelung für das Handwerk abgesehen, ist die Gemeinschaftshilfe der Wirtschaft auf Grund des § 1 der Verordnung eine allgemeine; ihre Leistungsfähigkeit ist durch die Möglichkeit der Heranziehung der Reichsgruppen Banken und Versicherungen zu finanziellen Leistungen erheblich verstärkt.

Die Gemeinschaftshilfe der Wirtschaft ist, wie Hedemann DJ. 1940, 568 sagt, eine überraschende Belebung des ständischen Gedankens, sie ist ein aus der Stunde der Not geborenes juristisches Phänomen. Die Gemeinschaftshilfe ist als Aufgabe der Gemeinschaft eine Selbstverwaltungsaufgabe; dies gilt auch dann, wenn, wie hier, das Reich aus eigenen Mitteln Hilfe gewährt, wenn und insoweit die Durchführung der Aufgabe die Kräfte der Wirtschaftsgruppen über Gebühr belastet, Kempermann DRW. 1940, 1920.

Die Reichswirtschaftskammer hat auf Grund der Ermächtigung in § 3 Abs. 1 der Ersten DurchfVO. vom 3. Mai 1940 einheitliche Grundsätze festgesetzt und als Richtlinien im Sinne des § 1 der Verordnung vom 19. Febr. 1940 eine „Beihilfeordnung im Rahmen der Gemeinschaftshilfe der Wirtschaft" erlassen, Ministerialblatt des Reichswirtschaftsministeriums 1940 S. 199. Voraussetzung für die Gewährung der Gemeinschaftshilfe ist die Stillegung des Betriebs, dessen Erhaltung volkswirtschaftlich gerechtfertigt ist (§ 1 Abs. 1 Buchst. 2 Erste DV.). Die Stillegung, die in der Regel eine vollständige — zu diesem Begriff vgl. § 1 Satz 2 der Beihilfeordnung — sein muß, darf nur im Zuge kriegswirtschaftlicher Maßnahmen erfolgt sein. In Betracht kommt nicht nur eine behördlich angeordnete Stillegung, sondern auch jede andere durch den Entzug von Rohstoffen und Arbeitskräften einschl. der Energiequellen erzwungene Stillegung. Auch Beschränkungen des Absatzmarktes zählen unter Umständen hierher. Die Einziehung des Unternehmers zum Heeresdienst dagegen begründet nur einen Anspruch auf die Wirtschaftsbeihilfe nach § 12 EFUG. (1 zu § 1 VHV.), schließt daher die freiwillige Gemeinschaftshilfe aus, vgl. unten 3 sowie Kempermann DRW. 1940, 1921.

Die Gemeinschaftshilfe der Wirtschaft ist eine subsidiäre Hilfsmaßnahme, die erst nach Ausschöpfung aller gesetzlichen und vertraglichen Möglichkeiten des Unternehmers zur Verminderung seiner Verbindlichkeiten Platz greift, vgl. § 4 Abs. 2 der Beihilfeordnung. Für die hier in Betracht kommende Minderung der Lasten aus Miet- und Pachtzinsverpflichtungen des Unternehmens ist der subsidiäre Charakter der Gemeinschaftshilfe eindeutig in § 5 Ziff. 5 der Beihilfeordnung zum Ausdruck gebracht; hiernach sind beihilfefähig:

> *Ausgaben für Mieten oder Pachten für Räume oder Grundstücke solcher Betriebe, die sich auf fremden Grundstücken befinden; Voraussetzung ist, daß einerseits ein berechtigtes Interesse an der Aufrechterhaltung des Mietvertrages besteht, daß andererseits die Mieten oder Pachten freiwillig oder im Wege des Vertragshilfeverfahrens so weit herabgesetzt sind, als dies dem Vermieter bei Berücksichtigung seiner Verhältnisse zugemutet werden kann.*

Soweit hiernach die allgemeinen und besonderen Voraussetzungen des § 4 VHV. gegeben sind, ist der Mieter (Pächter) gezwungen, eine Herabsetzung des Miet(Pacht)zinses entweder durch freie Vereinbarung (§ 11 VHV.) mit dem Vermieter (Verpächter) im Sinne des § 4 VHV. oder eine Entscheidung des Vertragshilferichters herbeizuführen. Da die Entscheidung des Vertragshilferichters über die Möglichkeit und über den Umfang der Mietherabsetzung von der Würdigung der gesamten Verhältnisse der Beteiligten abhängt, also insbesondere auch von der Höhe einer etwaigen Beihilfe, die der Mieter (Pächter) erhalten kann — vgl. 12 zu § 4 VHV. —, können sich Schwierigkeiten für das Verfahren ergeben, die nur durch einen begründeten, förmlichen Aussetzungsbeschluß des Vertragshilferichters, verbunden mit einer einstweiligen Anordnung gemäß § 18 VHV. über die Stundung des Miet(Pacht)zinses, beseitigt werden können, so Blancke DJ. 1940, 928.

Der Reichsjustizminister hat zur Behebung von Zweifeln über das Verhältnis der Bestimmung des § 5 Ziff. 5 der Beihilfeordnung im Rahmen der Gemeinschaftshilfe der Wirtschaft, die gleichzeitig von ihm veröffentlicht wird, zur Vertragshilfeverordnung durch die AV. vom 11. Juni 1940 — Deutsche Justiz S. 701 — auf Grund des § 36 VHV. folgendes bestimmt:

Nach § 4 Abs. 1 sind bei der Bestimmung des angemessenen Betrages, um den die Miete oder Pacht herabgesetzt werden kann, die Verhältnisse sowohl des Mieters (Pächters) als des Vermieters (Verpächters) zu berücksichtigen. Auf Seiten des Mieters (Pächters) muß nach der erwähnten Vorschrift der Beihilfeordnung bei der Bestimmung des Betrages, um den die Miete oder Pacht herabgesetzt werden soll, die Möglichkeit einer Beihilfe auf Grund der Beihilfeordnung außer Betracht bleiben. Vielmehr ist zunächst lediglich zu ermitteln, in welcher Höhe dem Vermieter (Verpächter) eine Herabsetzung der Miete oder Pacht zugemutet werden kann. Stellt sich heraus, daß der Mieter (Pächter) nicht in der Lage ist, den auf diese Weise ermittelten Betrag aufzubringen, so würde an sich nach § 4 Abs. 2 Satz 2 VHV. die Auflösung des Miet- oder Pachtverhältnisses geboten erscheinen. Bevor jedoch der Richter zur Auflösung des Miet- oder Pachtverhältnisses schreitet, ist den Beteiligten Gelegenheit zu geben, eine Entscheidung über die Gewährung der Beihilfe nach der Beihilfeordnung herbeizuführen. Wird die Beihilfe in einem Umfang ge-

währt, der es dem Mieter (Pächter) ermöglicht, die nach den Verhältnissen des Vermieters (Verpächters) angemessene Miete (Pacht) zu bezahlen, so ist die Entscheidung über die Herabsetzung der Miete oder Pacht nach § 4 VHV. zu treffen.

Die Aussetzung des Verfahrens setzt freilich voraus, daß die Wirtschaftsgruppen nicht von vornherein, unter Berufung auf den Wortlaut des § 5 Ziffer 5 der Beihilfeordnung die Gewährung der Beihilfe ablehnen, weil eine Entscheidung über die beantragte Herabsetzung der Miete (Pacht) auf Grund des § 4 VHV. nicht erfolgt sei. Nur ein verständiges Zusammenarbeiten zwischen Gericht und Wirtschaftsgruppe, das insbesondere die gegenseitigen Absichten offenlegt, wird eine vernünftige praktische Anwendung der Vorschriften sicherstellen können. Nach Kempermann DRW. 1940, 1924 geht die Praxis der Wirtschaftsgruppen dahin, zunächst grundsätzlich zu entscheiden, ob das Unternehmen überhaupt beihilfefähig ist; wird diese Frage bejaht, so richtet sich die Höhe der Mietbeihilfe ausschließlich nach der Entscheidung im Vertragshilfeverfahren, wenn nicht bereits eine freiwillige Herabsetzung erfolgt ist.

3. Die Gemeinschaftshilfe der Reichsgruppe Fremdenverkehr.

An notleidende Betriebe des Gaststätten- und Beherbergungsgewerbes, deren Erhaltung volkswirtschaftlich gerechtfertigt und deren Eigentümer oder Pächter unterstützungswürdig ist, können nach Maßgabe der Anweisung des Leiters der Reichsgruppe Fremdenverkehr über die Durchführung der Gemeinschaftshilfe der Reichsgruppe Fremdenverkehr **Beihilfen** gewährt werden, AV. d. RJM. vom 2. Sept. 1940, Deutsche Justiz 1940 S. 1009. Die Beihilfen bestehen in Betriebserhaltungsbeihilfen oder Grundstücks- und Pachtbeihilfen. Die Betriebserhaltungsbeihilfen sollen die Erhaltung stillgelegter Betriebe bis zum Zeitpunkt ihrer Wiedereröffnung ermöglichen; sie dürfen nur an Betriebe gewährt werden, die wegen Einschränkung des Reise- und Ausflugsverkehrs oder wegen Knappheit an Arbeitskräften und Verbrauchsgütern unter bestimmten Voraussetzungen stillzulegen sind.

Die Grundstücks- und Pachtbeihilfen sollen zur Sicherung der ordnungsmäßigen Erfüllung von Miet- und Pachtverpflichtungen und der laufenden Zahlungen von notleidenden Betrieben des Gaststätten- und Beherbergungsgewerbes an den Grundkredit dienen; sie dürfen nur an Betriebe gewährt werden, deren Inhaber infolge eines Umsatzrückgangs aus Anlaß des Krieges auch bei angemessener Berücksichtigung ihrer sonstigen Mittel nicht in der Lage sind, ihre vor dem 1. Sept. 1939 eingegangenen Verpflichtungen gegenüber dem Grundkredit und aus Miet(Pacht)verträgen zu tragen, ohne daß die Weiterführung der Betriebe gefährdet wird, und die durch Anwendung der Vertragshilfeverordnung eine ausreichende Entlastung nicht erreichen konnten. Die Beihilfe darf u. a. nicht gewährt werden, wenn der Betriebsinhaber zum Heeresdienst einberufen ist und für den Betrieb eine Wirtschaftshilfe (§ 12 EFUG.; 1 zu § 1 VHV.) erhält. Die Grundstücks- und Pachtbeihilfe wird als Zuschuß zu den bei einem um mindestens 30 v. H. verringerten Umsatz noch tragbaren Grundstückslasten bzw. Pachten soweit gewährt, daß 80 v. H. der Höhe dieser Kosten gedeckt sind; dabei bleibt eine Herabsetzung dieser Kosten bis zu 20 v. H. außer Betracht, die nach dem 31. Aug. 1939 im Hinblick auf die Auswirkungen des Krieges vorgenommen wurde oder noch vorgenommen wird.

Die AV. des RJM. vom 11. Juni 1940 — s. oben IV 2 — wird auch im Verhältnis der Anweisung des Leiters der Reichsgruppe Fremdenverkehr vom 4. Juli 1940 (Deutscher Reichsanzeiger Nr. 168) zur Vertragshilfeverordnung entsprechend anzuwenden sein, ebenso Kempermann DRW. 1940, 1924.

Die mietrechtlichen Vorschriften der Vertragshilfeverordnung

§ 4

Herabsetzung der Miete oder Pacht bei Geschäftsräumen

(1) Unter den Voraussetzungen[1] des § 1 kann der Richter bei einem Miet- oder Pachtverhältnis, das der Gewerbetreibende über Räume oder Grundstücke[2] der im Abs. 3 bezeichneten Art vor dem 1. September 1939 geschlossen[3] hat, auf Antrag des Gewerbetreibenden[4]

die Miete oder Pacht[5] für einen bestimmten Zeitraum[6] um einen bei Berücksichtigung der Verhältnisse beider Beteiligten angemessenen Betrag[7], jedoch um nicht mehr als die Hälfte[8], herabsetzen.

(2) Die Herabsetzung nach Abs. 1 ist nur zulässig[10], wenn die Miete oder Pacht in einem erheblichen Mißverhältnis zu dem verminderten Ertrage des Gewerbebetriebs steht[11] und der Gewerbetreibende auch bei angemessener Berücksichtigung seiner sonstigen Mittel nicht in der Lage[12] ist, die bisherige Miete oder Pacht selbst bei Bewilligung von Stundung oder Teilzahlungen weiterhin zu bezahlen. Die Herabsetzung ist unzulässig, wenn bei Berücksichtigung der gesamten Verhältnisse der Beteiligten die Auflösung des Miet- oder Pachtverhältnisses[13] geboten erscheint oder wenn sich die Weiterführung oder spätere Wiedereröffnung des Betriebs volkswirtschaftlich[14] nicht rechtfertigen läßt.

(3) Die vorstehenden Vorschriften gelten nur für Miet- oder Pachtverhältnisse über Räume und Grundstücke, die für den Gewerbebetrieb benutzt werden, und für Wohnräume, die wegen ihres wirtschaftlichen oder räumlichen Zusammenhangs mit den Geschäftsräumen mit diesen zusammen vermietet oder verpachtet sind.

1. Die Inanspruchnahme der Vertragshilfe des Richters ist nach § 1 nur dem Gewerbetreibenden gestattet, der infolge der Auswirkungen des Krieges — ohne eigenes Verschulden vgl. unten 14 — genötigt ist, seinen **Betrieb stillzulegen, umzustellen oder erheblich einzuschränken.** Zum Begriff des Gewerbebetriebs vgl. 2 zu § 2 Fünfte AusfV.KSchVO. Inhaber eines Gewerbebetriebs kann eine Einzelperson sein oder eine Aktiengesellschaft, offene Handelsgesellschaft, GmbH., Genossenschaft, ein rechtsfähiger oder nicht rechtsfähiger Verein, eine Erbengemeinschaft usw. Die Staatsangehörigkeit ist grundsätzlich unerheblich; auch Angehörige der Feindstaaten

sind trotz des Verfügungsverbots der §§ 9, 10 der VO. über die Anmeldung feindlichen Vermögens vom 15. Januar und 17. Juni 1940 (RGBl. I S. 191 und 888) vertragshilfefähig. Juden als Inhaber von Gewerbebetrieben können die Vertragshilfe der §§ 4, 5 nicht in Anspruch nehmen.

Weitere Voraussetzung ist, daß der Gewerbetreibende durch diese Maßnahme in seiner wirtschaftlichen Leistungsfähigkeit wesentlich beeinträchtigt ist; zur Feststellung dieser Voraussetzung hat der Richter stets die gesamten Erwerbs- und Vermögensverhältnisse des Gewerbetreibenden zu berücksichtigen (§ 1 Abs. 2, unten 12). Soweit durch Maßnahmen der Gemeinschaftshilfe der Wirtschaft, der Reichsgruppe Fremdenverkehr und der Reichsbeihilfen — Vorbem. IV —, durch die Werkerhaltungshilfe im ehemals freigemachten Gebiet und durch Hilfsmaßnahmen der Kartelle — Kempermann DRW. 1940, 1922 — durch besondere Kredithilfe, durch Gewährung des Familienunterhalts, sowie durch die Ersatzleistungen des Reichs bei Personen- und Sachschäden ein Ausgleich der Auswirkungen des Krieges erzielt wird, ist dies bei der Beurteilung der Leistungsfähigkeit des Gewerbetreibenden zu berücksichtigen.

Nach dem Einsatz-Familienunterhaltsgesetz (EFUG.) vom 26. Juni 1940 (RGBl. I S. 911) werden neben dem Unterhaltsatz Mietbeihilfen und Beihilfen zu den auf Eigenheimen ruhenden Lasten und Steuern gewährt (§ 10). Darüber hinaus wird insbes. dem Unternehmer eines Gewerbebetriebs, dessen Erträgnisse zur Deckung des notwendigen Lebensbedarfs der Einberufenen diente, zur Fortsetzung oder Erhaltung des Betriebs während der Dauer der Einberufung eine Wirtschaftsbeihilfe gewährt, soweit die Erhaltung der wirtschaftlichen Lage des Einberufenen ohne die Beihilfe gefährdet ist (§ 12), vgl. hierzu Ziffer 122 des RE. d. RMdJ. vom 5. Juli 1940 (RMBliV. 1940, 1363, 1398 und Kempermann DRW. 1940, 1921. Hinsichtlich der Berücksichtigung der im Rahmen des Einsatz-Familienunterhalts gewährten Wirtschaftsbeihilfe bei Herabsetzung der Miete oder Pacht nach § 4 VHV. hat der Reichsjustizminister am 2. Dez. 1940 eine Allgemeine Verfügung — Deutsche Justiz S. 1337 — erlassen, deren Anordnung gemäß § 36 VHV. nahezu wörtlich mit der AV. vom 11. Juni 1940 — Vorbem. IV 2 — übereinstimmt. Die Vertragshilfe hat auch hier den Vorrang vor der Beihilfe, unten 12.

Die Vertragshilfe hat den Zweck, die planmäßige Abwicklung der Verpflichtungen des Gewerbetreibenden herbeizuführen; wo dieses Ziel wegen Zahlungsunfähigkeit oder Überschuldung (als Konkursgrund) des Gewerbetreibenden nicht zu erreichen ist, ist für die Anwendung der §§ 4, 5 kein Raum (§ 1 Abs. 3). Im Rahmen des Kriegsausgleichsverfahrens kann der Ausgleichsschuldner beim zuständigen Gericht Antrag auf Miet-(Pacht)zinsherabsetzung auf Grund des § 4 stellen, doch ist über diesen Antrag außerhalb des Ausgleichsverfahrens Entscheidung zu treffen, § 7 der Verordnung über das Ausgleichsverfahren vom 30. Nov. 1939 (RGBl. I S. 2338). Die Vorschrift kommt nur dann zur Anwendung, wenn der Ausgleichsschuldner seinen Betrieb nach Beendigung des Ausgleichsverfahrens weiterführen will, Vogels DRW. 1939, 2095. Die Bestimmung des § 51 VglO., wonach der Schuldner auf seinen Antrag vom Richter ermächtigt werden kann, das Miet(Pacht)verhältnis bei dem er als Mieter (Pächter) beteiligt ist, ohne Rücksicht auf die vereinbarte Vertragsdauer unter Einhaltung der gesetzlichen Frist zu kündigen, bleibt unberührt, vgl. Staudinger-Kiefersauer, Vorbem. 38 zu § 535.

2. Nur Miet- und Pachtverhältnisse über **gewerblich benutzte Räume** und **Grundstücke** sowie über **Mischräume** kommen in Betracht (Abs. 3). Die VHV. erstreckt sich nicht nur auf die Raummiete (Raumpacht), sondern — in Übereinstimmung mit § 2 Fünfte AusfV.KSchVO. — auch auf gewerblich genutzte unbebaute Grundstücke, also auf Lagerplätze, Arbeitsplätze, Kies-, Lehm-, Tongruben, Schürffelder usw. Landwirtschaftlich und gärtnerisch benutzte Grundstücke sowie Grundstücke, die zu einem landwirtschaftlichen Nebenbetrieb gehören, scheiden aus, vgl. 2 zu § 2 Fünfte AusfV.KSchVO. Darüber hinaus fallen unter §§ 4, 5 alle sonstigen gewerblich genutzten Grundstücke, z. B. Wasserflächen, Reklameflächen an Gebäuden usw.

Innerhalb der Raummietverhältnisse bleiben die Wohnräume, d. h. die lediglich für Wohnzwecke bestimmten Räume des Gewerbetreibenden grundsätzlich außer Betracht; auf die Wohnungsmiete finden die §§ 4, 5 keine Anwendung.

Von den Geschäftsräumen, d. h. den Nichtwohnräumen, sind nur die gewerblich genutzten Räume den Bestimmungen dieser Verordnung unterworfen, z. B. Fabrikräume, Werkstätten, Verkaufsräume, Läden, Büroräume, Lagerräume, Hotels, Garagen.

Soweit Wohnräume zusammen mit (gewerblichen) Geschäftsräumen vermietet oder verpachtet sind, finden die §§ 4, 5 auch auf sie Anwendung, wenn sie entweder in räumlichem oder in wirtschaftlichem Zusammenhang mit den gewerblichen Räumen stehen, sog. Mischräume, vgl. hierher unten 9. Es werden trotz der etwas abweichenden Begriffsbestimmung die gleichen Grundsätze gelten, die die Rechtsprechung zu § 32a MSchG. entwickelt hat, vgl. Staudinger-Kiefersauer, Vorbem. 48 zu § 535. Ein wirtschaftlicher Zusammenhang ist dann gegeben, wenn — für den Vermieter (Verpächter) erkennbar — die gemeinschaftliche Benutzung der beiden Raumarten dem Inhaber des Gewerbes erhebliche wirtschaftliche Vorteile bietet; die Räume brauchen nicht in dem gleichen Gebäude zu liegen, müssen aber von demselben Vermieter (Verpächter) vermietet (verpachtet) sein, RGZ. 122, 274; KG. DMR. 990. In den Fällen, in denen ein wirtschaftlicher Zusammenhang besteht, braucht ein räumlicher Zusammenhang nicht gegeben zu sein und umgekehrt. Auch Geschäftsräume, die Bestandteile einer Wohnung sind, z. B. die Büroräume von Maklern, Agenten, Bücherrevisoren, auch Werkstätten der Schneider und Schuster, gehören hierher; für die Herabsetzung des Miet(Pacht)preises kommt in diesen Fällen nur die anteilmäßig auf die Geschäftsräume entfallende Miete (Pacht) in Betracht.

Für reine Wohnräume und solche Mischräume, bei denen der räumliche oder wirtschaftliche Zusammenhang mit gewerblichen Räumen fehlt, und endlich für Geschäftsräume, die nicht gewerblich genutzt werden, z. B. Unterrichtsräume, Schülerheime, Kliniken, Krankenhäuser, ist weder die Herabsetzung des Miet(Pacht)zinses (§ 4) oder die Auflösung des Miet(Pacht)verhältnisses (§ 5) noch die Stundung oder Bewilligung von Teilzahlungen (§ 2) zulässig, da keine mit dem Gewerbebetrieb zusammenhängende Verbindlichkeit vorliegt, vgl. 1 zu § 25. In diesen Fällen ist aber die Bewilligung einer Zahlungsfrist gemäß der Verordnung über die Bewilligung von Zahlungsfristen in Rechtsstreitigkeiten vom 7. Okt. 1939 (RGBl. I S. 2004) möglich, vgl. 7 zu § 25. Soweit eine solche Zahlungsfrist dem Mieter (Pächter) bewilligt ist, verliert nach § 25 VHV. eine auf den Miet(Pacht)rückstand gestützte Kündigung des Vermieters (Verpächters) ihre Wirksamkeit und der Vermieter (Verpächter) hat nicht mehr das Recht, wegen dieses Rückstandes die Aufhebung des Miet(Pacht)verhältnisses zu verlangen, 4—6 zu § 25.

Miet(Pacht)verhältnisse über **bewegliche Sachen** eines Gewerbetreibenden, z. B. über Maschinen, Fahrzeuge, Schiffe, technische Anlagen aller Art können nur im Rahmen des § 3 auf Antrag ganz oder zum Teil aufgehoben werden. Stundung und die Bewilligung von Teilzahlungen ist unter den Voraussetzungen des § 2 möglich.

Untermiet(pacht)verhältnisse werden nach den gleichen Grundsätzen zu behandeln sein. Schwierigkeiten ergeben sich, wenn der Untermieter Gewerbetreibender ist, nicht aber der Untervermieter (Mieter), da dieser regelmäßig dem Vermieter (Grundstückseigentümer) zur vollen Mietzinszahlung verpflichtet ist. Der Grundstückseigentümer hat aber ein wirtschaftliches Interesse an der Weitervermietung der Geschäftsräume, so daß eine entsprechende Vereinbarung unter den drei Beteiligten anzustreben ist, vgl. Blancke DJ. 1940, 842.

3. Der **Vertragsabschluß** über das Miet(Pacht)verhältnis muß **vor** dem 1. Sept. 1939 erfolgt sein. Der Zeitpunkt des Vertragsabschlusses ist auch für mündliche Verträge maßgebend, auch wenn sie später entsprechend den mündlichen Abmachungen durch schriftliche Vereinbarung festgelegt werden; nur wenn die Beurkundung eines beabsichtigten, also noch nicht abgeschlossenen mündlichen Vertrages verabredet war, so gilt nach der Auslegungsregel des § 154 Abs. 2 BGB. im Zweifel der Vertrag nicht geschlossen, bis die Beurkundung erfolgt ist.

Hinsichtlich des Vormiet(pacht)vertrages ist der Zeitpunkt des Vertragsabschlusses nach den Umständen des einzelnen Falles zu ermitteln; es kommen in Betracht: der Abschluß des Vormiet(pacht)vertrages und die Ausübung des Vormiet(pacht)rechts, d. h. die Entscheidung des Berechtigten über den Eintritt in den Mietvertrag, den der Dritte mit dem Vermieter abgeschlossen hat, und zwar zu den gleichen Bedingungen. Regelmäßig wird der Ausübung des Rechts die für den Stichtag entscheidende Bedeutung beizumessen sein, da die Vorrang-Berechtigung als solche nur eine Anwartschaft begründet.

Verträge, die erst nach dem 31. Aug. 1939 abgeschlossen worden sind, bleiben für die Anwendung der §§ 4, 5 außer Betracht.

Änderungen des Vertrages, die nach dem Stichtag erfolgen, lassen das Rechtsverhältnis in seiner Grundlage ebenso unberührt wie der Wechsel in der Person des Mieters (Pächters), z. B. bei Tausch, Erbfolge, oder des Vermieters (Verpächters), z. B. beim Grundstücksverkauf gemäß § 571 BGB. Voraussetzung ist aber, daß nicht durch Neuabschluß eines Vertrages die Grundlage des bisherigen Rechtsverhältnisses beseitigt wird.

Auf die Dauer des Miet(Pacht)verhältnisses kommt es hier — abweichend von § 5 — nicht an, vgl. 3 zu § 5.

4. Die Herabsetzung des Miet(Pacht)zinses bedarf eines hierauf gerichteten **Antrages** des Mieters (Pächters). Der Antrag umfaßt, wenn er auf Herabsetzung des Miet(Pacht)zinses gerichtet ist, zugleich den Antrag auf Stundung oder Bewilligung von Teilzahlungen. Der Antrag muß eine Begründung enthalten, deren Inhalt durch Sollvorschriften des § 13 Abs. 1 und 2 vorgeschrieben ist. Nach § 13 Abs. 3 soll der Antrag auch Angaben darüber enthalten, ob wegen der Höhe des Miet(Pacht)zinses ein Verfahren vor der Preisbehörde anhängig ist oder anhängig war. Diese Angabe ist notwendig, weil der Richter nach § 15 Abs. 2 bei der Herabsetzung der Miete (Pacht) von dem Miet(Pacht)zins auszugehen hat, der im Verfahren vor der Preisbehörde festgelegt oder genehmigt worden ist.

Der Antrag soll weiterhin Angaben darüber enthalten, ob der Antragsteller eine Beihilfe zur Miet(Pacht)zahlung auf Grund des RE. des RWM. vom 30. Dez. 1939 und der Durchführungsrichtlinien vom 30. Jan. 1940 oder sonstiger Gemeinschafthilfe — Vorbem. IV — erhalten oder beantragt hat. Eine ausdrückliche Vorschrift nach dieser Richtung ist in die VHV. nicht aufgenommen, da die für die Gewährung der Beihilfe maßgebende Regelung erst später getroffen worden ist. Über das Verhältnis der Miet(Pacht)zinsherabsetzung nach § 4 VHV. und der Gewährung von Beihilfen vgl. unten 12.

Die Abtretung oder Pfändung des Miet(Pacht)zinses hindert den Gewerbetreibenden ebensowenig an der Antragstellung nach § 4 VHV. wie an der Änderung oder Auflösung des Miet(Pacht)verhältnisses. Es ist jedoch zweckmäßig, den Zessionar oder Pfändungsgläubiger neben dem Vermieter als Beteiligte zuzuziehen; eine eigenes Beschwerderecht steht diesen nicht zu, vgl. Blancke DJ. 1940, 842.

Zuständig für den Antrag nach § 4 ist das Amtsgericht, in dessen Bezirk das Grundstück gelegen ist, § 10 Abs. 3. Der Prozeßrichter ist nach § 24 zur Entscheidung über den Antrag nicht befugt. Die Preisbehörde soll die Antragsteller, die den Antrag auf Miet(Pacht)zinsherabsetzung mit dem durch den Krieg verursachten Umsatzrückgang begründen, auf die VHV. oder den Runderlaß des Reichswirtschaftsministers verweisen, vgl. aber 19 zum RE. 44/40 und 5 zu § 15 VHV.

Zur geschäftlichen Behandlung der Anträge nach der Vertragshilfeverordnung hat der RJM. eine AV. vom 9. Dez. 1939 — Deutsche Justiz S. 1867 — erlassen.

5. Gegenstand der Herabsetzung ist nur die eigentliche **Miet-(Pacht)zinsforderung** des Vermieters (Verpächters), d. h. das Entgelt für die Überlassung des Grundstückes oder Raumes. Nebenabgaben, zu deren Zahlung sich der Mieter (Pächter) verpflichtet hat, z. B. für Sammelheizung, Warmwasserversorgung, Fahrstuhlbenutzung, Treppenreinigung, Straßenreinigung, Spiegelglasversicherung können auf Grund des § 4 ebensowenig herabgesetzt werden wie besondere Nebenleistungen des Mieters (Pächters), die nicht in Geldzahlungen bestehen, z. B. die Verpflichtung zur Ausführung von Instandsetzungsarbeiten, von bestimmten Reinigungsarbeiten im Hause oder auf der Straße usw., vgl. Kiefersauer, Reichsmietengesetz, 6. Aufl. S. 30; § 3 Abs. 3 des Einheitsmietvertrages.

Die Tatsache, daß bei einem Mietvertrag mit Eheleuten als Mieter nur einer der beiden Eheleute Inhaber des Gewerbebetriebes ist, schließt die Mietherabsetzung nicht aus; die Prüfung der Vermögens- und Einkommensverhältnisse erstreckt sich in diesem Fall auch auf die Verhältnisse des am Verfahren nicht unmittelbar beteiligten Ehegatten. Wegen der Stellung sonstiger Mitverpflichteter aus dem Mietvertrag s. unten 10.

6. Die Herabsetzung des Miet(Pacht)zinses muß **zeitlich begrenzt** erfolgen. Für die Bemessung des zu bestimmenden Zeitraums ist maßgebend die Beurteilung der Lage des Antragstellers und die Aussichten einer Besserung der nach Abs. 2 zu berücksichtigenden Verhältnisse des Gewerbetreibenden. Der Zeitraum muß nach dem 31. Aug. 1939 liegen. Dagegen steht nichts im Wege, daß auch vor der Antragstellung aufgelaufene Rückstände in die Miet(Pacht)ermäßigung einbezogen werden,

wenn die Umstände des Falles eine solche Maßnahme als zweckmäßig erscheinen lassen.

Wenn während des vom Richter bestimmten Zeitraumes eine wesentliche Änderung der Verhältnisse eintritt, wenn insbes. der Mieter (Pächter) nach dem RE. des RWM. vom 30. Dez. 1939 eine Beihilfe zur Mietzahlung erhält, dann kann der Richter im Änderungsverfahren gemäß § 20 den festgesetzten Zeitraum ändern oder aufheben. Die Entscheidung kann rückwirkend erfolgen, so daß der Mieter (Pächter) die erlassenen Beträge nachzuentrichten hat. Dies dürfte aber nicht gerechtfertigt sein, wenn bloß eine wesentliche Umsatzsteigerung festgestellt wird, wohl aber bei Verschweigung günstigerer Vermögensverhältnisse, Blancke DJ. 1940, 843.

Mit dem Ablauf der festgelegten Zeit tritt die angeordnete Miet-(Pacht)zinssenkung — unten 9 — außer Kraft. Die vorher geltende Miet(Pacht)zinsvereinbarung tritt ohne weiteres wieder in Kraft. Eine Verlängerung des Zeitraums kann durch Vereinbarung der Beteiligten oder durch Entscheidung des Richters, die nur auf Antrag und wiederum nur für einen bestimmten Zeitraum erfolgen kann, herbeigeführt werden. Möglich ist auch, der Entscheidung eine Verlängerungsklausel in dem Sinne anzufügen, daß der bestimmte Zeitraum sich — einmal oder jeweils nach Ablauf des ursprünglichen Zeitraums — um einen bestimmten Zeitraum verlängert, sofern nicht innerhalb bestimmter Frist vor Ablauf des jeweils laufenden Zeitraums einer der Vertragsteile dem anderen Teil gegenüber der (weiteren) Verlängerung durch schriftliche Erklärung widerspricht, ähnlich Vogels-Rexroth 14 zu § 4.

7. Der Betrag, um den der Miet(Pacht)zins herabgesetzt werden kann, muß **angemessen** sein. Die Angemessenheit des Herabsetzungsbetrages ist nur dann gegeben, wenn die Herabsetzung den Verhältnissen beider Vertragsteile gerecht wird. Es muß also nicht nur für den Mieter (Pächter) ein dem verminderten Betriebserträgnis entsprechender niedriger Miet(Pacht)preis und ein der Grundstücksbelastung Rechnung tragender Miet-(Pacht)zins ermittelt werden, sondern es müssen die gesamten Besitz-, Einkommens- und Vermögensverhältnisse der Beteiligten, insbesondere also auch deren Verbindlichkeiten, festgestellt werden. Erst die Abwägung der gesamten Vermögensverhält-

nisse gibt den Maßstab für die Höhe der hiernach zweckmäßigen Herabsetzung des Miet(Pacht)zinses.

Ergibt diese Prüfung die Notwendigkeit einer Herabsetzung um mehr als die Hälfte, so ist der Antrag wegen der Unmöglichkeit der Zulassung dieses angemessenen Betrages — unten 8 — zurückzuweisen. Es bleibt dem Antragsteller überlassen, Antrag auf Auflösung des Miet(Pacht)verhältnisses nach § 5 zu stellen. Im Wege der freien Vereinbarung kann dagegen die Höchstgrenze überschritten werden; sofern die Herabsetzung nur „angemessen" bleibt und die Voraussetzungen des Abs. 2 vorliegen, kann der Grundstückseigentümer auch in diesem Fall die Vertragshilfe des Richters gemäß § 7 Abs. 1 Ziff. 2 in Anspruch nehmen.

8. Der **Höchstbetrag**, um den der Miet(Pacht)zins herabgesetzt werden darf, beträgt die **Hälfte** des vereinbarten — nicht des tatsächlich bezahlten — Miet(Pacht)zinses. Diese Höchstgrenze gilt nur für den Richter, nicht auch für eine gütliche Einigung der Beteiligten, oben 7. Der vereinbarte Miet(Pacht)zins vor dem 1. Sept. 1939 ist maßgebend, es sei denn, daß nach dem Stichtag die Beteiligten aus anderen Gründen als mit Rücksicht auf die Auswirkungen des Krieges eine Ermäßigung vorgenommen haben.

Eine vom Vermieter (Verpächter) eingeräumte freiwillige Ermäßigung im Hinblick auf die nachteiligen Auswirkungen des Krieges hindert zwar nicht den Mieter (Pächter) an der Antragstellung gemäß § 4; der Vermieter (Verpächter) kann aber verlangen, daß bei der Ermittlung des Höchstbetrages von dem ursprünglichen Miet(Pacht)zins ausgegangen wird und daß demgemäß die von ihm gewährte freiwillige Ermäßigung bei der Herabsetzung im Wege der Vertragshilfe als gleichwertig (vgl. § 7 Abs. 1 Ziff. 2) berücksichtigt wird.

Als vereinbarter Vertragsmiet(pacht)zins gilt auch der von der Preisbehörde auf Grund des § 2 PBG. mittelbar oder unmittelbar festgesetzte Miet(Pacht)zins, vgl. Kiefersauer, Reichsmietengesetz, 6. Aufl. S. 161 ff. Das gleiche gilt von der gemäß § 3 PStopV. von der Preisbehörde genehmigten Miet(Pacht)zinserhöhung, vgl. Ziff. 1—24 RE. 184/37, erl. bei Kiefersauer, Reichsmietengesetz 6. Aufl. S. 133. Als genehmigte Miet(Pacht)preiserhöhung gilt auch die Vereinbarung der Beteiligten, die unter dem von der Preisbehörde genehmigten Höchstbetrag bleibt. Von dem von der Preisbehörde genehmigten oder festgesetzten Betrag hat der Richter bei der Entscheidung über die beantragte Herabsetzung des Miet(Pacht)zinses auszugehen, § 15 Abs. 2 Satz 1. Diese Vorschrift geht davon aus, daß der unter Mitwirkung der Preisbehörde durch Festsetzung oder Genehmigung zustandegekommene Miet(Pacht)zins stets als angemessener Miet(Pacht)zins anzusehen ist. Ist ein Verfahren über die Höhe des Miet(Pacht)zinses vor der Preisbehörde anhängig, worüber der Antragsteller im Antrag nach § 13 Abs. 3 Auskunft zu geben hat, so soll nach § 15 Abs. 2 Satz 2 der Richter vor seiner Entscheidung den Ausgang dieses Verfahrens abwarten. Die Entscheidung der Preisbehörde ist entbehrlich, wenn eine gütliche Einigung nach § 14 zustandekommt, vgl. 5 zu § 15 und 19 zum RE. 55/40.

9. Die Entscheidung des Richters über den Antrag auf **Herabsetzung** hat sich — abgesehen von der Zurückweisung des Antrags, oben 7 und unten 10, 13 — auf die Festsetzung eines **zahlenmäßig bestimmten Betrages** zu beschränken, um den der Miet(Pacht)zins ermäßigt wird. Bei Mischräumen — oben 2 —, bei denen der Miet(Pacht)wert der Wohnräume hinter dem Miet(Pacht)wert der Geschäftsräume zurückbleibt, dürfen in entsprechender Anwendung der Bestimmung Abschnitt III Abs. 4 RE. des RWM. vom 20. Dez. 1939 auch bei der Entscheidung nach Abs. 1 die Wohnräume den gewerblichen Räumen gleichzusetzen sein. Der Wert der Wohnräume kann bei der Bestimmung der Höhe der Herabsetzung berücksichtigt werden.

Mit der Entscheidung kann unter Umständen die Stundung oder Bewilligung von Teilzahlungen verbunden werden, wenn diese Maßnahmen als zweckentsprechend angesehen werden.

Wegen der Verlängerung des Zeitraums durch den Vertragshilferichter vgl. oben 6.

Weitergehende Eingriffe in die Vertragsrechte sind dem Richter nicht gestattet; insbesondere können einzelne Bestimmungen des Vertrages nicht abgeändert werden.

10. Neben den in § 1 bezeichneten allgemeinen Voraussetzungen müssen noch die in Abs. 2 Satz 1 bezeichneten **besonderen Voraussetzungen** erfüllt sein. Im Verhältnis zu den nach der VHV. sonst zulässigen Maßnahmen ist bestimmt, daß die Bewilligung von Stundung oder Teilzahlungen nach § 2 für sich allein als unzureichend festzustellen ist, ehe die Herabsetzung der Miet(Pacht)zinses ausgesprochen werden darf. Wegen der möglichen Nachteile der Mietzinsherabsetzung für die Hausbewirtschaftung wird eine sehr strenge Prüfung der Voraussetzungen erwartet, vgl. Volkmar DJ. 1939, 1815.

Trotz Vorliegens der allgemeinen und der besonderen Voraussetzungen darf die Herabsetzung des Miet(Pacht)zinses nicht ausgesprochen werden, wenn die in Abs. 2 Satz 2 bezeichneten **Ausschließungsgründe** vorliegen. In diesen Fällen ist der Antrag auf Herabsetzung zurückzuweisen.

Zu der Frage, ob und in welchem Ausmaß die Herabsetzung des Miet(Pacht)zinses für den Fall zulässig ist, daß zwar in der Person des Mieters (Pächters) die Voraussetzungen für die Gewährung der Vertragshilfe gegeben sind, daß daneben aber ein Bürge oder sonstiger Mitverpflichteter haftet, bei dem diese Voraussetzungen nicht vorliegen, — vgl. dazu die z. T. abweichende Meinung von Blancke DJ. 1940, 841 —, hat der Reichsjustizminister in der AV. vom 23. Sept. 1940 — Deutsche Justiz S. 1085 — wie folgt Stellung genommen:

Es wird sich zunächst empfehlen, in Fällen dieser Art zu dem Verfahren, insbesondere zur mündlichen Verhandlung (§ 14 VHV.), außer den eigentlichen Vertragsparteien auch den Bürgen oder sonstigen Mitverpflichteten zuzuziehen und eine gütliche Einigung zwischen sämtlichen Beteiligten zu versuchen.

Zur Beseitigung von Auslegungszweifeln bestimme ich auf Grund des § 36 VHV. ferner:

1. Der Umstand, daß neben einem Schuldner, in dessen Person die Voraussetzungen der Vertragshilfe nach § 4 VHV. gegeben sind, ein Bürge oder sonstiger Mitverpflichteter, in dessen Person diese Voraussetzungen nicht vorliegen, für die Miete oder Pacht haftet, steht der Gewährung der Vertragshilfe zugunsten des Mieters oder Pächters nicht entgegen.

2. a) Bei der Entscheidung, ob und inwieweit die Miete oder Pacht herabzusetzen ist, kann der Umstand, daß neben dem Mieter oder Pächter ein Bürge oder sonstiger Mitverpflichteter haftet, außer Betracht bleiben.

b) Wird die Miete oder Pacht herabgesetzt, so hat dies eine entsprechende Verringerung der Verpflichtung des Bürgen zur Folge (§ 767 BGB., § 1363 ABGB.). Unbillige Folgen werden sich für den Gläubiger hieraus nicht ergeben, da die Herabsetzung der Miete oder Pacht nur in einem Umfang zulässig ist, der auch dem Vermieter oder Verpächter zugemutet werden kann, und da überdies in vielen Fällen durch Beihilfen ganz oder teilweise ein Ausgleich geschaffen wird.

c) Bei einer sonstigen Mitschuld richten sich die Auswirkungen der Herabsetzung der Miete oder Pacht nach den allgemeinen Vorschriften (§§ 423, 425 BGB.: §§ 1347, 888—896 ABGB.).

3. Soweit ein Mitschuldner, dessen Verpflichtung durch die Herabsetzung der Miete oder Pacht nach den zu 2c angeführten Vorschriften nicht berührt wird, den Gläubiger befriedigt und hierdurch einen Rückgriffsanspruch gegen den Mieter oder Pächter erlangt, kann der Richter in entsprechender Anwendung der Vorschriften des § 4 Abs. 1 VHV. auch diese Rückgriffsverpflichtung des Mieters oder Pächters herabsetzen, soweit eine Fälligkeitsregelung nach § 2 VHV. zu dessen Schutz nicht ausreicht.

Wegen der Miet(Pacht)herabsetzung bei Mietverträgen mit Eheleuten, von denen nur einer Inhaber des Gewerbebetriebes ist, vgl. oben 5.

11. Die eine der besonderen Voraussetzungen für die Herabsetzung des Miet(Pacht)zinses besteht darin, daß ein **erhebliches Mißverhältnis** zwischen der Miete (Pacht) und dem verminderten **Gewerbebruttoertrag** bestehen muß. Die Minderung des Ertrages muß auf die Auswirkungen des Krieges, z. B. Verknappung der Fertigwaren, der Rohstoffe, Personalmangel, Verlust bestimmter Kundschaft, mangelnde Nachfrage nach bestimmten Waren usw. zurückzuführen sein; nur ein aus dieser Tatsache sich ergebendes Mißverhältnis zwischen Ertrag und Miet(Pacht)zinsunkosten ist, wenn es erheblich ist, zu berücksichtigen. Die Stillegung und die erhebliche Einschränkung des Betriebes werden regelmäßig zu erheblichen Ertragseinbußen führen, bei Betriebsumstellungen dagegen wird diese Voraussetzung nicht immer erfüllt sein.

12. Weitere Voraussetzung für die Herabsetzung des Miet(Pacht)zinses ist die Feststellung der **Leistungsunfähigkeit** des Antragstellers — bei Miet(Pacht)verträgen mit Eheleuten auch des anderen Ehegatten, oben 5 —, gemessen an seinen gesamten Vermögens- und Einkommensverhältnissen, vgl. oben 1. Der

Antragsteller darf auch bei Einsatz seiner sonstigen, nicht aus dem Gewerbevertrag stammenden Mitteln nicht in der Lage sein, den bisherigen Miet(Pacht)zins zu bezahlen; dieses Unvermögen muß auch bei Bewilligung von Stundung oder Teilzahlungen gemäß § 2 fortbestehen, oben 10.

Bei der Beurteilung der Leistungsunfähigkeit des Mieters (Pächters) sind auch alle Verhältnisse zu würdigen, die außerhalb des maßgebenden Gewerbebetriebes liegen. Demgemäß ist gegebenenfalls das Vorhandensein eines weiteren gutgehenden Gewerbebetriebes, eines größeren Kapitalvermögens, eines landwirtschaftlichen Gutes usw. zu berücksichtigen. Der Antragsteller ist nach der Absicht des VHV. gehalten, die regelmäßigen Einkünfte solcher Vermögensgüter zum Ausgleich des notleidenden Gewerbebetriebes, insbes. zur Zahlung der Miete (Pacht) zu verwenden, ehe er die Vertragshilfe nach § 4 in Anspruch nehmen kann. Das gleiche gilt grundsätzlich für die Inanspruchnahme der Beihilfe zur Mietzahlung bei gewerblichen Räumen des Handels — Vorbem. IV 1 —, da diese auch im Interesse des Grundstückseigentümers gewährt werden, Blancke DJ. 1940, 843. Auch die den sonstigen Vermögensgütern des Gewerbebetriebes entsprechende Kreditausnutzung wird ihm zugemutet werden dürfen, vgl. Volkmar DJ. 1939, 1815 und Abschnitt II der Durchführungsrichtlinien des Reichswirtschaftsministers vom 30. Januar 1940. Unter Umständen wird man in beschränktem Umfang auch die Heranziehung des durch bestimmte Aufgaben nicht gebundenen sonstigen Vermögens verlangen können. Die Grenze ist flüssig; keinesfalls dürfen Geschäfte gefordert werden, die einen anderen Betrieb notleidend machen.

Die Tatsache, daß der Mieter (Pächter) als Inhaber eines Handelsbetriebes oder eines gewerblichen Garagenbetriebes, soweit er Mitglied einer Wirtschaftsgruppe innerhalb der Reichsgruppe Handel ist (Ausnahme: unten S. 135 Ziff. III), eine Beihilfe zur Mietzahlung gemäß dem Runderlaß vom 30. Dez. 1939 beantragen kann, ist für das Verfahren nach § 4 nur insoweit von Bedeutung, als eine Herabsetzung um mehr als 20 v. H. der Miete (des Pachtes) in Frage kommt, weil die Beihilfe 80 v. H. der vertraglichen Miete (Pacht) im Höchstfalle betragen darf. Solange über die Gewährung der beantragten Beihilfe von der Verwaltungsbehörde eine Entscheidung nicht getroffen ist, wird in diesen Fällen der Richter zweckmäßigerweise nur eine einstweilige Anordnung nach § 18 erlassen. Das Verfahren nach § 4 ist dagegen ohne Rücksicht auf die Möglichkeit einer Beihilfegewährung durchzuführen, wenn eine Herabsetzung der Miete (Pacht) um nicht mehr als 20 v. H. beantragt ist oder wenn die Beihilfe deshalb nicht gewährt werden kann, weil der Antragsteller leistungsfähig ist, d. h. 80 v. H. der Miete (Pacht) oder mehr aus eigenen Mitteln aufbringen kann. Die AV. des RJM. vom 16. Januar 1940 DJ. 1940, 97 empfiehlt die Entscheidung der Verwaltungsbehörde über die Beihilfe vor der endgültigen Entscheidung über den Antrag nach § 4 VHV. abzuwarten, wenn eine Herabsetzung der Miete oder Pacht um mehr als 20 v. H. begehrt wird.

Die Beihilfe zur Mietzahlung bei gewerblichen Räumen des Handels hat hiernach den Vorrang vor der Vertragshilfe, vgl. Vogels ZAkDR. 1940, 42. Dagegen gilt für das Verhältnis zwischen der Vertragshilfe und der Gemeinschaftshilfe der Wirtschaft sowie der Reichsgruppe Fremdenverkehr — Vorbem. IV 2,3 — der Grundsatz, daß die Vertragshilfe vor der Inanspruchnahme der Beihilfe zu beantragen ist; hier hat also die Vertragshilfe den Vorrang vor der Beihilfe, vgl. oben S. 68, 70. Auch die Gewährung der Wirtschaftsbeihilfe nach § 12 EFUG. — oben 1 — schließt die Inanspruchnahme der richterlichen Vertragshilfe nicht aus, vielmehr hat auch hier die Vertragshilfe den Vorrang vor der Beihilfe, vgl. Vogels gegen OLG. Nürnberg DRW. 1940, 2178. Die Rechtslage ist nunmehr auch hinsichtlich der Wirtschaftsbeihilfe nach § 12 EFUG. durch die AV. d. RJM. vom 2. Dez. 1940 (DJ. 1940, 1337; RMBliV. 1941, 51) geklärt.

13. Die **Auflösung des Miet(Pacht)verhältnisses** nach § 5 hat, wenn diese Maßnahme bei Berücksichtigung der gesamten Verhältnisse der Beteiligten als geboten erscheint, den **Vorrang** vor der Herabsetzung des Miet(Pacht)zinses nach § 4. Die Prüfung dieser Frage ist Pflicht des Richters. Während also nach Abs. 2 Satz 1 nur die Verhältnisse des Antragstellers zu berücksichtigen sind, müssen nach Abs. 2 Satz 2 Halbsatz 1 in jedem Falle auch die Verhältnisse des Vermieters (Verpächters) geprüft werden.

Die Herabsetzung des Miet(Pacht)zinses, die auf die Erhaltung der Leistungsfähigkeit des Mieters (Pächters) abzielt, darf nicht eine Gefährdung der Leistungsfähigkeit des Vermieters (Verpächters) zur Folge haben. Der Vermieter (Verpächter) hat für die Erfüllung der auf dem Grundstück ruhenden Lasten aufzukommen; dazu sollen in aller Regel die Miet(Pacht)einnahmen ausreichen. Wenn man auch dem Eigentümer in beschränktem Umfang die Heranziehung eigener sonstiger Mittel zur Bestreitung der Bewirtschaftungskosten zumuten kann, wenn ihm durch die Vertragshilfe nach § 7 ein finanzieller Ausgleich bis zu einem gewissen Grade gewährt wird, so bestehen bei billiger Abwägung der Belange beider Teile doch Grenzen für das Ausmaß der Herabsetzung, die nicht überschritten werden können. Die Höchstgrenze — oben 8 — braucht im Einzelfall nicht erreicht zu werden; auch eine Herabsetzung des Miet(Pacht)zinses um weniger als 50 v. H. kann für den Vermieter unter Umständen untragbar sein. In beiden Fällen muß der Antrag zurückgewiesen werden, vgl. Vogels DRW. 1939, 2092. Lebensunfähige Betriebe dürfen nicht auf Kosten des Vermieters (Verpächters) weitergeschleppt werden.

Die Auflösung des Miet(Pacht)verhältnisses bedarf eines hierauf gerichteten Antrages des Mieters (Pächters); sie darf vom Vertragshilferichter nicht von Amts wegen ausgesprochen werden. Die Möglichkeit der Auflösung durch Kündigung des Vermieters oder durch Klage auf Mietaufhebung seitens des Vermieters richtet sich nach den Vorschriften des Mieterschutzgesetzes und den Ausführungsverordnungen zum Kündigungsschutzgesetz, vgl. Kiefersauer, Kriegsnotrecht S. 23 und oben § 2 Fünfte AusfV.KSchVO.

14. Gewerbebetriebe, deren **Weiterführung** oder **spätere Wiedereröffnung** vom Standpunkt der Volksgemeinschaft aus nicht wünschenswert ist, dürfen auch durch Vertragshilfemaßnahmen nicht künstlich auf Kosten der Gemeinschaft, insbes. des Vermieters (Verpächters) aufrechterhalten werden. Solche Betriebe sind auch nach Ziff. II Buchst. a und b von der Gewährung einer Beihilfe zur Mietzinszahlung nach dem Runderlaß vom 30. Dez. 1939 und von der Gemeinschaftshilfe der Wirtschaft — Vorbem. IV — ausgeschlossen.

Wenn die Forterhaltung solcher Betriebe durch Herabsetzung der Miet(Pacht)zinszahlung verboten wird, so liegt diese Einschränkung der Vertragshilfe in der gleichen Richtung der Zielsetzung, die durch die Verordnung zur Beseitigung der Übersetzung im Einzelhandel vom 16. März 1939 (RGBl. I S. 498) angebahnt wurde.

Über die *volkswirtschaftliche* Bedeutung des Gewerbebetriebs wird die für den Antragsteller zuständige Berufs- oder Wirtschaftsvertretung, die nach § 15 Abs. 1 zu hören ist, Auskunft zu geben in der Lage sein.

Eine Ermäßigung des Miet(Pacht)zinses, die der Vermieter (Verpächter) durch freie Vereinbarung einem Betrieb der oben bezeichneten Art gewährt, berechtigt ihn nicht zur Inanspruchnahme der Vertragshilfe nach § 7 Abs. 1 Ziffer 2, da die gütliche Vereinbarung den Grundsätzen des Abs. 2 nicht entspricht.

Eine Miet(Pacht)preisherabsetzung kann dem Vermieter (Verpächter) auch dann nicht zugemutet werden, wenn der Gewerbetreibende die wirtschaftliche Lage selbst verschuldet hat, oben 1. Diese in der VHV. selbst nicht ausdrücklich genannte Voraussetzung — der Vorspruch nennt allerdings die „durch die Kriegsverhältnisse unverschuldet in wirtschaftliche Not geratenen Schuldner" — für die Inanspruchnahme der Vertragshilfe könnte man als **Würdigkeit des Schuldners** bezeichnen; dieser Begriff umfaßt das gesamte Verhalten des Schuldners, seine Lebensführung, seine Einstellung gegenüber dem Staat einschließlich des Steuerfiskus — vgl. Abschnitt II des RE. des RWM. vom 30. Dez. 1939 —, überhaupt seine ganze Persönlichkeit. Unwürdige Schuldner und solche, die nicht die Gewähr dafür bieten, daß sie die zu Lasten des Vermieters (Verpächters) ermäßigten Verpflichtungen erfüllen, kommen weder für das Vertragshilfeverfahren noch für die Gewährung der Wirtschaftsbeihilfen — Vorbem. IV — in Frage. Neben die volkswirtschaftliche Bedeutung des Betriebs tritt gleichwichtig die sittliche Würdigkeit des Betriebsinhabers, zu deren Prüfung die nach § 15 Abs. 1 zu hörende Berufs- und Wirtschaftsvertretung beizutragen verpflichtet ist, vgl. Blancke DJ. 1940, 844 und 13 zum RE. 55/40.

§ 5

Auflösung von Miet- oder Pachtverhältnissen über Geschäftsräume

(1) Unter den Voraussetzungen des § 1[1] kann der Richter ein Miet- oder Pachtverhältnis der im § 4 Abs. 3 bezeichneten Art[2], das der Gewerbetreibende vor dem 1. September 1939 geschlossen[3] hat, auf Antrag des Gewerbetreibenden[4] vorzeitig[5] auflösen[6].

Hierbei bestimmt der Richter den Zeitpunkt der Beendigung des Miet- oder Pachtverhältnisses unter Berücksichtigung der gesetzlichen Kündigungsfrist.

(2) Zugleich mit der Auflösung ist auf Antrag des Vermieters oder Verpächters auszusprechen, daß diesem die Räume oder Grundstücke im Zeitpunkt der Beendigung des Miet- oder Pachtverhältnisses herauszugeben sind[7].

(3) Hat der Richter das Miet- oder Pachtverhältnis nach Abs. 1 aufgelöst, so kann er dem Gewerbetreibenden auf Verlangen des anderen Teils aufgeben, diesen wegen der vorzeitigen Auflösung angemessen zu entschädigen[8], soweit dies unter Berücksichtigung der Verhältnisse beider Vertragsteile der Billigkeit entspricht. Der Betrag ist in dem Beschluß festzusetzen; der Beschluß kann mit der Auflösungsanordnung verbunden werden.

1. Vgl. die Ausführungen 1 zu § 4.

2. Nur Miet- und Pachtverhältnisse über gewerblich genutzte Räume und Grundstücke sowie über Mischräume kommen wie im Falle des § 4 in Betracht, 2 zu § 4.

3. Der Vertragsabschluß muß wie im Falle des § 4 vor dem 1. Sept. 1939 liegen, 3 zu § 4.

Während es für die Anwendung des § 4 ohne Bedeutung ist, auf welche Dauer das Miet(Pacht)verhältnis abgeschlossen worden ist, kommen für die Vertragsauflösung nur Miet(Pacht)-verhältnisse von längerer Dauer in Betracht, d. h. nur **langfristige Verträge** (Miet- und Pachtverhältnisse auf bestimmte Zeit) oder Verträge mit einer **längeren als der gesetzlichen Kündigungsfrist** (Rechtsverhältnisse auf unbestimmte Zeit). Bei der Ermittlung der gesetzlichen Kündigungsfrist des § 565 BGB. kommt es darauf an, wie der Mietzins bemessen ist; die Bemessung des Mietzinses ist von der Zahlung (Entrichtung) zu unterscheiden, Staudinger-Kiefersauer, 7 zu § 551.

Bei Miet(Pacht)verhältnissen mit kurzer Vertragsdauer oder mit kürzerer als der gesetzlichen Kündigungsfrist ist für die Tätigkeit des Richters nach § 5 kein Raum; der Richter muß den Antrag zurückweisen und zwar auch dann, wenn er gemäß § 4

Abs. 2 Satz 2 den Antrag auf Herabsetzung des Miet(Pacht)zinses deshalb zurückgewiesen hat, weil er die Auflösung des Miet(Pacht)verhältnisses für geboten hielt, 13 zu § 4. Dem Mieter (Pächter) bleibt es in solchen Fällen überlassen, von sich aus durch Kündigung zum nächsten Termin die alsbaldige Beendigung des Rechtsverhältnisses herbeizuführen. Nur eine Bindung des Mieters (Pächters), die über den Rahmen der gesetzlichen Kündigungsfrist oder einer entsprechenden längeren Vertragsdauer hinausgeht, soll nach § 5 Anlaß zu richterlichem Eingreifen und die Möglichkeit geben, den Gewerbetreibenden von der Erfüllung der unter Umständen unerträglich gewordenen Verpflichtungen aus dem Miet(Pacht)vertrag zu befreien. Auch im Interesse des Vermieters und der Volkswirtschaft im ganzen kann die vorzeitige Beendigung eines solchen Miet(Pacht)verhältnisses gelegen sein. Der Richter kann auch dem Mieter (Pächter) die Nachweisung eines geeigneten Mieters (Pächters) aufgeben, ehe er die Aufhebung ausspricht. Die Entscheidung liegt in jedem Fall beim Richter. Ein vorzeitiges Kündigungsrecht ist dem Gewerbetreibenden nicht eingeräumt, dieser hat nur ein Antragsrecht.

4. Ohne einen auf die Vertragsauflösung gerichteten **Antrag** des Gewerbetreibenden kann die Auflösung des Miet(Pacht)verhältnisses vom Richter nicht ausgesprochen werden. Der Antrag auf Herabsetzung des Miet(Pacht)zinses genügt auch dann nicht, wenn der Richter die Auflösung des Rechtsverhältnisses für geboten erachtet und deshalb den Herabsetzungsantrag nach § 4 Abs. 2 zurückweisen muß, 13 zu § 4.

Das Recht des Vermieters (Verpächters), das Rechtsverhältnis von sich aus zu kündigen oder die Mietaufhebungsklage zu erheben, wird durch § 5 nicht berührt.

5. Gegenstand der Entscheidung nach § 5 ist die **vorzeitige Auflösung** des Miet- oder Pachtverhältnisses. Die Auflösung kann auch auf bestimmte, wirtschaftlich abtrennbare Teile des Miet(Pacht)gegenstandes beschränkt und der Gesamtmiet(pacht)zins dementsprechend herabgesetzt werden.

Den Zeitpunkt der Beendigung bestimmt der Richter, der nach Abs. 1 Satz 2 die gesetzliche Kündigungsfrist hierbei lediglich zu berücksichtigen hat, an ihre Einhaltung also nicht gebunden ist.

Die gesetzliche Kündigungsfrist bemißt sich bei Mietverhältnissen nach § 565 BGB., bei Pachtverhältnissen nach § 595 BGB. Hiernach können Mietverhältnisse regelmäßig für das Ende des Kalendervierteljahres, Pachtverhältnisse für das Ende des Pachtjahres gekündigt werden. Die Vorschriften des Gesetzes über die Auflockerung der Kündigungstermine bei Mietverhältnissen über Wohnräume vom 24. März 1938 (RGBl. I S. 306) — Kiefersauer, Mieterschutzrecht 6. Aufl. S. 169 — finden nach § 3 Satz 1 dieses Gesetzes nur auf solche Geschäftsräume Anwendung, die Bestandteile einer Wohnung sind, bei denen zwar ein räumlicher Zusammenhang zwischen Wohnung und Geschäftsraum besteht, bei denen aber der Wohnzweck überwiegt, Kiefersauer a. a. O. S. 170. Auch solche Räume fallen unter die §§ 4, 5, vgl. 2 zu § 4.

Für den Beginn der zu berücksichtigenden Kündigungsfrist wird der Zeitpunkt der Zustellung des Antrages auf Vertragsauflösung an den Vermieter (Verpächter) maßgebend sein müssen. Doch dürfte die Wahl eines anderen Zeitpunktes nicht ausgeschlossen sein, sofern daraus für die Beteiligten nicht unbillige Härten entstehen, Vogels-Rexroth, 7 zu § 5.

6. Die Auflösung des Miet(Pacht)verhältnisses schafft endgültiges Recht; eine Wiederherstellung des Vertragsverhältnisses ist auch im Wege des Änderungsverfahrens nach § 20 nicht möglich.

7. Der Vermieter (Verpächter) hat unter Umständen ein Interesse daran, den Richterspruch alsbald zu verwirklichen; um die sonst notwendige Räumungsklage zu ersparen, gibt ihm Abs. 2 die Möglichkeit als Nebenentscheidung die **Verpflichtung** des Mieters (Pächters) zur **Herausgabe** der Räume (Grundstücke) durch den Richter im Auflösungsbeschluß feststellen zu lassen. Der Vermieter (Verpächter) kann den Antrag in jedem Zeitpunkt des Verfahrens, auch noch in der Beschwerdeinstanz stellen. Mit der rechtskräftigen Entscheidung nach § 5 Abs. 2 kann der Vermieter (Verpächter) die Zwangsvollstreckung betreiben, § 23 Abs. 1.

Der Zeitpunkt, zu dem der Mieter (Pächter) die Räume herauszugeben hat, fällt regelmäßig mit dem Zeitpunkt der Beendigung des Miet(Pacht)verhältnisses zusammen, oben 5. Nur wenn dieser Zeitpunkt bei der Entscheidung über den Auflösungsantrag bereits verstrichen ist, kann die sofortige Herausgabe angeordnet werden.

Bei mieterschutzpflichtigen Räumen (§§ 1ff. MSchG.; §§ 1, 2 Dritte AusfV.KSchVO., Kriegsnotrecht S. 11, 27, 50) und Grundstücken (§ 2 Fünfte AusfVKSchVO.) gelten im gewöhnlichen Räumungsverfahren, zu dem der Vermieter (Verpächter) ohne eine Entscheidung nach Abs. 2 gezwungen ist, die Vorschriften des § 27 MSchG.; dem Mieter (Pächter) kann hiernach eine angemessene Räumungsfrist auch bei Nichtwohnräumen gemäß § 721 ZPO. gewährt werden. Diese Rechtslage ändert sich, wenn der Vermieter (Verpächter) einen Antrag gemäß Abs. 2 gestellt und der Richter im Auflösungsbeschluß die Herausgabepflicht des Mieters (Pächters) festgestellt hat; der Vertragshilferichter ist zur Gewährung einer Räumungsfrist nicht befugt. Der Vollstreckungsrichter dagegen kann auf Grund des Gesetzes zur Verhütung mißbräuchlicher Ausnutzung von Vollstreckungsmöglichkeiten vom 13. Dez. 1934 (RGBl. I S. 1234) eine Räumungsfrist gewähren und verlängern.

8. Der Vermieter (Verpächter) kann Antrag auf Verpflichtung des durch die Vertragsauflösung begünstigten Gewerbetreibenden zur Zahlung einer **Entschädigung** an ihn stellen. Aus Billigkeitsgründen kann der Richter dem Antrag ganz oder teilweise entsprechen. In dem Beschluß ist der Betrag der Entschädigung der Höhe nach und die Zahlungsart z. B. in Raten festzusetzen. Eine angemessene Entschädigung des Vermieters (Verpächters) wird z. B. dann in Frage kommen, wenn für einen neuen Mieter erhebliche Aufwendungen zu machen sind oder wenn zu befürchten ist, daß die Räume längere Zeit leerstehen. Der Beschluß nach Abs. 3 ist vollstreckbar, § 23 Abs. 1. Durch die Regelung nach Abs. 3 ist dem Vermieter (Verpächter) jede Klage auf Schadenersatz wegen Nichterfüllung des Vertrages verwehrt.

Der Beschluß nach Abs. 3 kann auch eine angemessene Zeit nach Beendigung des Verfahrens nach Abs. 1 erlassen werden.

§ 15

Beteiligung anderer Stellen

(1) Vor der Entscheidung [1] soll [2] das Gericht die für den Antragsteller zuständige [3] Berufs- oder Wirtschaftsvertretung (z. B. die Industrie- und Handels-

kammer, die Handwerkskammer, den Landesbauernführer) hören[4]. In geeigneten Fällen soll[2] das Gericht auch die Berufs- oder Wirtschaftsvertretung anderer Beteiligter hören.

(2) Hat die Preisbehörde[5] die Miete festgesetzt[6] oder dem Vermieter die Genehmigung zur Erhöhung der Miete erteilt[7], so hat der Richter in einem nach § 4 eingeleiteten Verfahren bei der Herabsetzung der Miete von der durch die Preisbehörde festgesetzten oder genehmigten Miete auszugehen[8]. Ist vor der Preisbehörde ein Verfahren über die Höhe der Miete anhängig, so soll der Richter vor seiner Entscheidung den Ausgang dieses Verfahrens abwarten[5]. Der Richter soll ferner, falls ein Verfahren über die Höhe der Miete vor der Preisbehörde anhängig war, die Akten der Preisbehörde beiziehen. Der Preisbehörde ist nach Rechtskraft eine Abschrift der Entscheidung über die Herabsetzung der Miete zu übersenden. Die vorstehenden Vorschriften gelten entsprechend für die Pacht.

1. Zu der Entscheidung über die Gewährung von Vertragshilfe gehört auch die Entscheidung über die Herabsetzung des Miet(Pacht)zinses (§ 4) und über die Auflösung des Miet(Pacht)verhältnisses (§ 5).

2. Die **Anhörung** der Berufs- und Wirtschaftsvertretung ist nicht zwingend vorgeschrieben; insbesondere haben die Beteiligten keinen Anspruch darauf. Die Rechtsgültigkeit der Entscheidung wird durch die Unterlassung der Anhörung nicht berührt. Zur klaren Beurteilung der Verhältnisse der Beteiligten, insbes. auch der Würdigung des Betriebs vom volkswirtschaftlichen Standpunkt aus und unter dem Gesichtspunkt der Würdigkeit des Schuldners — vgl. 14 zu § 4 —, wird der Richter die besonderen Kenntnisse der Berufs- und Wirtschaftsvertretung, insbes. über die Zusammenhänge der Gesamtwirtschaft, sich zunutze machen.

3. Die Zuständigkeit der Berufs- und Wirtschaftsvertretung

ergibt sich aus der **Zugehörigkeit des Antragstellers** zu einer bestimmten **Wirtschaftsgruppe.** Die Zugehörigkeit des Inhabers eines Gewerbebetriebs zum Bund Deutscher Mietervereine e. V. (Sitz Dresden) rechtfertigt an sich noch nicht die Anhörung dieser Vereinigung im Verfahren nach §§ 4, 5, da hier nur die Abmilderungen der Auswirkungen des Krieges auf den Betrieb in Frage steht, die Beteiligung des Mieters am Verfahren also in der Regel nur in der Eigenschaft als Inhaber eines Gewerbebetriebs erfolgt.

Dagegen wird in diesen Verfahren in geeigneten Fällen (Abs. 1 Satz 2) der Reichsbund der Haus- und Grundbesitzer e. V. in Berlin anzuhören sein, sofern der Vermieter (Verpächter) Mitglied dieser als alleinige Vertretung des deutschen Hausbesitzes anerkannten Vereinigung ist, Gesetz über Anerkennung und Beaufsichtigung von Vereinigungen von Hausbesitzern und Mietern vom 7. März 1935 (RGBl. I S. 352). Für Nichtmitglieder sind diese Vereinigungen nicht als zuständige Wirtschaftsvertretung anzuerkennen.

Zur Frage der Beteiligung von Berufs- und Wirtschaftsvertretungen am Vertragshilfeverfahren vgl. AV. d. RJM. vom 13. Januar 1940 DJ. 1940, 96.

4. Die Anhörung kann vom Richter schriftlich vorgenommen werden; er kann aber auch daneben oder statt dessen die Vertreter der zuständigen Berufs- oder Wirtschaftsorganisation zur mündlichen Verhandlung zuziehen. Die Anhörung ist nur für das Verfahren vor dem Amtsgericht vorgeschrieben; sie kann aber auch in der Beschwerdeinstanz nachgeholt und gegebenenfalls auch wiederholt werden.

5. Hinsichtlich der Mieten und Pachten sind die Land- und Stadtkreise mit der Preisbildung (§ 2 PBG.) und der Preisüberwachung (§ 3 PStopV.) durch die Vierte Anordnung über die Wahrnehmung der Aufgaben und Befugnisse des Reichskommissars für die Preisbildung vom 27. Okt. 1937 (Deutscher Reichsanzeiger Nr. 238) betraut worden, Kiefersauer, Reichsmietengesetz 6. Aufl. S. 128. **Preisbehörde** ist der Landrat in Landkreisen, in Stadtkreisen der Oberbürgermeister.

Die Befugnisse der Preisbehörde auf dem Gebiete der Preisüberwachung und der Preisbildung bei Mieten und Pachten sind durch die ausführlichen Anweisungen des Runderlasses Nr. 184/37 vom 12. Dez. 1937 bis ins einzelne geregelt, vgl. Kiefersauer, Reichsmietengesetz 6. Aufl. S. 131—199. Vorübergehend war den Preisbehörden die Durchführung eines besonderen Kündigungsschutzverfahrens auf Grund der VO. über Maßnahmen der Preisbehörden bei Kündigungen von Miet- und Pachtverhältnissen vom 19. April 1939 (RGBl. I S. 799) und der Durchführungsverordnung vom 24. Juni 1939 (RGBl. I S. 1091) — Kiefersauer, Mieterschutzrecht 6. Aufl. S. 224, 313 — übertragen; beide Verordnungen sind gemäß § 8 Abs. 2 Dritte AusfV.KSchVO. — Kriegsnotrecht S. 46 — seit dem 7. Sept. 1939 bis auf weiteres außer Kraft getreten.

Nach anfänglicher fast völliger Einschränkung der Tätigkeit der Preisbehörden durch die nunmehr aufgehobenen Runderlasse Nr. 99/39 und Nr. 107/39 gelten wiederum die Anweisungen des RE. 184/37 und insbes. der seiner Ergänzung ergangene Erlaß Nr. 55/40 vom 15. Mai 1940. Über die Verpflichtung der Preisbehörde über den Antrag zu entscheiden, wenn der Antragsteller darauf besteht, vgl. 19 zum RE. 55/40.

6. Die Rechtsgrundlage für die **Festsetzung** der Mieten und Pachten bildet das Gesetz zur Durchführung des Vierjahresplanes vom 29. Okt. 1936 (RGBl. I S. 927); für die Ostmark: Zweite VO. zur Einführung des Vierjahresplanes im Lande Österreich vom 27. März 1938 (RGBl. I S. 315), für das Sudetenland: Verordnung über die Aufgaben des Reichskommissars für die Preisbildung in den sudetendeutschen Gebieten vom 18. Okt. 1938 (RGBl. I S. 1444).

Die Festsetzung der Miete (Pacht) zielt in der Regel auf eine Miet(Pacht)zinssenkung ab, für die der RE. 184/37 in Ziff. 25 ff. nähere Anweisungen gibt. Die Entscheidung der Preisbehörde hat unmittelbar rechtsändernde Wirkung, beseitigt also die vertragliche Miete (Pacht) und setzt an ihrer Stelle die angemessene — höhere oder niedrigere — Miete (Pacht), die für die Vertragsteile rechtsverbindlich ist. Von dieser festgesetzten Miete (Pacht) hat der Richter im Verfahren über die Herabsetzung der Miete (Pacht) nach § 4 auszugehen.

7. Die Verordnung über das Verbot von Preiserhöhungen vom 26. Nov. 1936 (RGBl. I S. 955) — Preisstopverordnung — verbietet Miet(Pacht)zinserhöhungen über den Stand vom 17. Okt. 1936 hinaus, es sei denn, daß eine **Ausnahmebewilligung** der Preisbehörde nach § 3 PStopV. dies ausdrücklich gestattet, vgl. hierzu Ziff. 1 ff. RE. 184/37. Die Erteilung der

Ausnahmebewilligung ermächtigt lediglich — vgl. Ziff. 24 RE. 184/37 — die Beteiligten bis zu dem genehmigten Höchstbetrag den Miet(Pacht)zins zu erhöhen. Die Erhöhung selbst herbeizuführen, ist Sache der Vertragsteile, die sich über die Höhe der Miet(Pacht)preissteigerung einigen können. Soweit diese gütliche Einigung unter dem zulässigen Höchstbetrage liegt, hat der Richter von der vereinbarten Erhöhung auszugehen. Dagegen ist der Höchstbetrag der Genehmigung maßgebend, solange sich die Vertragsteile über die Erhöhung noch nicht geeinigt haben. Der Vermieter (Verpächter) kann durch Kündigung oder — bei mieterschutzpflichtigen Räumen und Grundstücken (2 zu § 2 Fünfte AusfVKSchVO.) — durch Erhebung der Mietaufhebungsklage, die durch § 4 Erste AusfV.KSchVO. für diesen Fall ausdrücklich zugelassen ist — Kiefersauer, Mieterschutzrecht 6. Aufl. S. 153 —, die Erhöhung des Miet(Pacht)zinses erzwingen.

Die Grundsätze der Preisstopverordnung gelten für die Ostmark nach Maßgabe der Verordnung über das Verbot von Preiserhöhungen im Lande Österreich vom 29. März 1938 (RGBl. I S. 340), für das Sudetenland nach der Verordnung über das Verbot von Preiserhöhungen im Reichsgau Sudetenland vom 22. März 1939 (RGBl. I S. 959) und §§ 1, 2 der Verordnung über die Einführung des Preisrechts in den in die Reichsgaue Niederdonau und Oberdonau und in die Länder Preußen und Bayern eingegliederten sudetendeutschen Gebietsteilen vom 27. Juni 1939 (RGBl. I S. 1000).

8. Das Verfahren gemäß § 4 wird durch ein abgeschlossenes Verfahren vor der Preisbehörde insofern berührt, als der Vertragshilferichter die preisrechtlichen Ergebnisse nach Satz 1 seiner Entscheidung als Ausgangspunkt zugrunde zu legen hat. Die Akten der Preisbehörde soll der Richter beiziehen (Satz 3). Schwebende Verfahren vor der Preisbehörde, von denen der Antragsteller nach § 13 Abs. 3 Kenntnis zu geben hat, soll der Vertragshilferichter vor einer Entscheidung abwarten (Satz 2); gütliche Verhandlungen kann er abschließen.

Nach Abschluß eines dem Antrag auf Miet(Pacht)zinsherabsetzung stattgebenden Verfahrens hat der Richter der Preisbehörde eine Abschrift der rechtskräftigen Entscheidung zu übersenden (Satz 4).

§ 25

Besondere Vorschriften für Miet- und Pachtverhältnisse

(1) Wird wegen eines Mietrückstandes Stundung oder Teilzahlung auf Grund dieser Verordnung[1] bewilligt[2], so verliert eine auf diesen Mietrückstand[3] gestützte Kündigung des Vermieters ihre Wirksamkeit[4] und der Vermieter hat nicht mehr das Recht, wegen des Mietrückstands die Aufhebung des Mietverhältnisses zu verlangen[5 6]. Das gleiche gilt, wenn wegen eines Mietrückstandes eine Zahlungsfrist nach der Verordnung über die Bewilligung von Zahlungsfristen in Rechtstreitigkeiten vom 7. Oktober 1939 (Reichsgesetzblatt I S. 2004)[7] bewilligt wird; in diesem Falle ist in einem etwa gleichzeitig anhängigen, auf Räumung oder Aufhebung des Mietverhältnisses gerichteten Rechtstreit § 24 Abs. 4, gegebenenfalls auch § 24 Abs. 1 entsprechend anzuwenden.

(2) Auch wenn der Vermieter wegen eines Mietrückstands die Klage auf Räumung oder Aufhebung des Mietverhältnisses, jedoch nicht die Klage auf Zahlung des Mietrückstandes erhoben hat, kann das Prozeßgericht dem Mieter, falls er den Zahlungsanspruch anerkennt, auf seinen Antrag in entsprechender Anwendung der Verordnung vom 7. Oktober 1939 für den Mietrückstand eine Zahlungsfrist bis zur Dauer von drei Monaten bewilligen. Die Bewilligung ist im Urteil auszusprechen. Wird dem Antrag stattgegeben, so ist § 24 Abs. 4 entsprechend anzuwenden.

(3) Die Abs. 1, 2 gelten auch für Pachtverhältnisse. Sie sind ferner entsprechend anzuwenden im Bestand-

verfahren nach den §§ 571 bis 575 der Zivilprozeßordnung vom 1. August 1895.

1. Die Gewährung von **Stundung oder Teilzahlung** ist nach § 2 an einen vertragshilfefähigen Gewerbetreibenden (§ 1) möglich hinsichtlich der Zahlungsverpflichtungen aus Rechtsverhältnissen, die im Zusammenhang mit dem Gewerbebetrieb vor dem 1. Sept. 1939 begründet sind. Demgemäß kommen nur Miet(Pacht)rückstände eines Gewerbetreibenden in Betracht, die sich auf gewerblich genutzte Räume und Grundstücke sowie auf solche Wohnräume beziehen, die wegen ihres wirtschaftlichen oder räumlichen Zusammenhangs mit den Gewerberäumen mit diesen zusammen vermietet oder verpachtet sind. Reine Wohnräume oder sonstige Nichtwohnräume — 2 zu § 4 — kommen für die Stundung oder Bewilligung von Teilzahlungen nicht in Betracht; für Miet(Pacht)zinsrückstände für solche Räume ist die Bewilligung von Zahlungsfristen möglich, unten 7.

Die Gewährung von Stundung oder Teilzahlung wegen eines Miet(Pacht)rückstandes ist — ohne Beschränkung auf bestimmte Räume oder Grundstücke — im Rahmen des § 6 möglich.

2. Die **Bewilligung** von Stundung oder Teilzahlung wegen eines Miet(Pacht)rückstandes beseitigt die Rechtsnachteile, die sich ohne die Vertragshilfe für den Mieter (Pächter) aus dem Miet(Pacht)rückstand ergeben oder bereits entstanden sind.

Nach Art. 9 über Maßnahmen auf dem Gebiete des bürgerlichen Streitverfahrens usw. vom 1. Sept. 1939 (RGBl. I S. 1656) — Kriegsnotrecht S. 6 — sind die **besonderen Rechtsfolgen,** die nach Gesetz oder Vertrag für den Fall der Nichterfüllung oder der nicht rechtzeitigen Erfüllung vorgesehen sind, kraft Gesetzes eingetreten, wenn der Schuldner durch die Auswirkungen des Krieges ohne sein Verschulden gehindert war, eine nach dem 25. Aug. 1939 fällig gewordene Verbindlichkeit zu erfüllen. Diese Vorschrift des Art. 9 ist seit 3. Dez. 1939 aufgehoben, § 32 Ziff. 1. An ihre Stelle tritt die Regelung des § 9; hiernach kann nur mehr der **Vertragshilferichter** auf Antrag des Schuldners **anordnen,** daß die nachteiligen Rechtsfolgen ganz oder teilweise als nicht eingetreten gelten, vgl. dazu Volkmar DJ. 1939, 1817. Durch eine solche Anordnung wird aber nach der ausdrücklichen Vorschrift des § 9 Abs. 4 das Recht des Vermieters (Verpächters) auf Kündigung oder Mietaufhebung wegen des Mietrückstandes nicht beseitigt (§§ 554 BGB., § 3 MSchG.).

In Betracht kommen nur Mietverhältnisse über Räume — ohne Beschränkung auf bestimmte Räume wie z. B. in § 4 Abs. 3 — und nach dem Wortlaut ohne Ausdehnung auf gewerblich genutzte unbebaute Grundstücke, eine Einschränkung, die im Hinblick auf die Regelung der §§ 4, 5 dem Grundgedanken der VHV. wohl nicht entsprechen dürfte, zumal diese Grundstücke, wenn sie verpachtet sind, gemäß § 9 Abs. 4 Satz 2 in die Ausnahmeregelung einbezogen sind. Man wird also über den Wortlaut hinaus die Ausnahmevorschrift des § 9 Abs. 4 ausdehnen dürfen auf Miet- und Pachtverhältnisse über Räume und gewerblich genutzte unbebaute Grundstücke. Bei Miet-(Pacht)verhältnissen über Räume aller Art, z. B. Wohnräume, Geschäftsräume, Läden, Werkstätten, Fabrikräume, Schülerheime, Kliniken sowie bei Miet(Pacht)verhältnissen über gewerblich genutzte unbebaute Grundstücke, z. B. Lagerplätze, Kies-, Lehm-, Tongruben, Schürffelder, wird durch eine Anordnung des Vertragshilferichters auf Grund des § 9 das Recht des Vermieters (Verpächters) auf Kündigung oder Mietaufhebung wegen des Miet(Pacht)rückstandes nicht berührt. Bebaute Grundstücke (Grundstücksteile), die nicht Räume sind, z. B. Reklameflächen an Gebäuden zählen — abweichend von § 4 Abs. 3 — nicht hierher, ebensowenig landwirtschaftlich, gärtnerisch und kleingärtnerisch genutzte unbebaute Grundstücke. Mieter (Pächter), die durch die Ausnahmeregelung des § 9 Abs. 4 betroffen werden, werden im Rahmen des VHV. durch das Recht auf Vertragshilfe gemäß §§ 4, 5 geschützt. Für Mieter von Wohnräumen ist in ausreichender Weise durch das Gesetz über den Familienunterhalt gesorgt, das dem Mieter in der Regel die Zahlung der Miete ermöglicht, vgl. 1 zu § 4.

Abweichend von der Regelung in § 9 Abs. 4, die den Mieter (Pächter) in aller Regel auch bei Aufhebung von Rechtsnachteilen wegen ungenügender Vertragserfüllung in seinem Bestand nicht schützt, hat die Bewilligung von Stundung oder Teilzahlung von Miet(Pacht)zinsrückständen aus §§ 2, 6 nicht nur für die Zukunft, sondern auch für die Vergangenheit die Beseitigung der auf Auflösung des Miet(Pacht)verhältnisses abzielenden Rechtsbehelfe des Vermieters (Verpächters) zur Folge, unten 6.

3. Die Höhe des **Mietrückstandes**, wegen dessen der Vermieter (Verpächter) ohne Einhaltung einer Kündigungsfrist das Miet-(Pacht)verhältnis kündigen kann (§§ 554, 581 BGB.), richtet sich nach der Höhe des für zwei aufeinanderfolgende Termine zu zahlenden Miet(Pacht)zinses. Dagegen ist die Höhe der Verzugssumme, die zur Begründung der Mietaufhebungsklage nach § 3 MSchG. erforderlich ist, nach der Höhe des für die Dauer eines Monats bzw. eines Vierteljahres zu entrichtenden Mietzinses zu ermitteln, vgl. Kiefersauer, Mieterschutzrecht 6. Aufl. S. 49 und Staudinger-Kiefersauer Vorbem. 115—119 zu § 535.

Soweit durch die Bewilligung einer Stundung oder Teilzahlung dieser Mietzinsrückstand derart eingeschränkt wird, daß die nach §§ 554, 581 BGB. und § 3 MSchG. erforderliche Höhe der Summe nicht mehr erreicht oder der maßgebende Zinsabschnitt nicht mehr eingehalten wird, entfällt die Voraussetzung für die Kündigung und die Mietaufhebungsklage des Vermieters (Verpächters). Diese Auswirkung der Maßnahme der Vertragshilfe hat aber an sich keinen Einfluß auf die Rechtsgültigkeit der Kündigung des Vermieters (Verpächters), die vor der Rechtskraft der Anordnung gemäß §§ 2 oder 6 VHV. ausgesprochen worden war; denn die Voraussetzungen des § 554 BGB. brauchen nur im Zeitpunkt der Kündigung gegeben zu sein. Für die Aufhebungsklage aus § 3 MSchG. dagegen müssen die Voraussetzungen noch bei der letzten mündlichen Verhandlung der entscheidenden Instanz vorliegen, so daß eine vor diesem Zeitpunkt rechtskräftig bewilligte Vertragshilfe gemäß §§ 2, 3 die Abweisung der Mietaufhebungsklage zur Folge haben müßte.

Die Vorschrift des Abs. 1 Satz 1 will dem Mieter die Vorteile der Vertragshilfe in dem gleichen Umfang sichern, in dem eine vor der Kündigungserklärung oder Erhebung der Mietaufhebungsklage gewährte Bewilligung der Stundung oder Teilzahlung den Mieter vor der Kündigung oder Mietaufhebungsklage geschützt hätte. Die Rechtsfolgen des Abs. 1 Satz 1 treten daher nur insoweit ein, als nach Bewilligung der Stundung oder Teilzahlung die Voraussetzungen des § 554 BGB. bzw. des § 3 MSchG. nach der Höhe des Mietrückstandes und der maßgebenden Zinsabschnitte nicht mehr erfüllt sind. Soweit trotz der Vertragshilfe etwa noch der nach diesen Gesetzen geforderte Rückstand bestehen bleiben sollte, bleibt sowohl die Kündigung des Vermieters (Verpächters) in Kraft und der

Mietaufhebungsklage des Vermieters (Verpächters) muß stattgegeben werden. Mit dieser Einschränkung des Wortlautes ist Satz 1 zur Anwendung zu bringen. Der Vertragshilferichter wird deshalb in der Regel seine Anordnung aus § 2 oder § 6 so bemessen, daß die Voraussetzungen des § 554 BGB. und des § 3 MSchG. restlos beseitigt werden.

4. Die **Kündigung** des Vermieters (Verpächters) verliert ihre Wirksamkeit, d. h. die durch die Kündigung gemäß § 564 Abs. 2 BGB. erfolgte „Beendigung des Miet- oder Pachtverhältnisses gilt als nicht eingetreten", vgl. 5 zu § 2 Fünfte AusfV.KSchVO. In Betracht kommt nur eine Kündigung, die wegen des Mietrückstandes erfolgt ist, dessen Höhe durch eine Vertragshilfe nach § 2 oder § 6 VHV. gemindert ist. Soweit die Kündigung auf § 554 BGB. beruht, müssen die Mindestvoraussetzungen das Kündigungsrecht durch die Vertragshilfe beseitigt sein, oben 3.

Beruht das Kündigungsrecht des Vermieters auf Vertrag — § 6 Abs. 2 DEMV.; Kiefersauer, Mieterschutzrecht 6. Aufl. S. 204 —, so müssen die Voraussetzungen des Vertrages hinsichtlich des Rückstandes beseitigt werden, wenn die Kündigung ihre Wirksamkeit verlieren soll.

Unerheblich ist, ob es sich bei der Kündigung um die Ausübung eines ordentlichen oder außerordentlichen, eines befristeten oder unbefristeten Kündigungsrechts des Vermieters (Verpächters) handelt. Die Kündigung muß im übrigen rechtswirksam sein, d. h. dem Vertrag und dem Gesetz entsprechen; soweit das Mieterschutzgesetz reicht, ist die Kündigungsbefugnis des Vermieters (Verpächters) erheblich eingeschränkt, vgl. Kriegsnotrecht S. 11, 26, 50 und § 2 Fünfte AusfV.KSchVO.

§ 25 gilt im übrigen für Miet- und Pachtverhältnisse aller Art, also nicht nur für Räume, bebaute und unbebaute Grundstücke, gewerblich, land- und forstwirtschaftlich genutzte Grundstücke und Kleingärten, sondern auch für Miete und Pacht beweglicher Sachen.

5. Im Geltungsbereich des Mieterschutzgesetzes — vgl. die Erweiterung durch § 2 Fünfte AusfV.KSchVO. — kann der Vermieter in der Regel die **Aufhebung des Mietverhältnisses** gegen den Willen des Mieters nur durch die Mietaufhebungsklage, wegen des Mietrückstandes nur auf Grund des § 3 MSchG. erzwingen. Wird der Mietzinsrückstand unter den nach § 3 MSchG. vorgeschriebenen Mindestbetrag durch die Vertragshilfe aus § 2 oder § 6 VHV. herabgesetzt, so entfällt der Klagegrund und die Klage muß zurückgewiesen werden. Diese Rechtsfolge der Vertragshilfe tritt mit der Rechtskraft der Anordnung des Richters ein; im Rahmen des Mietaufhebungsverfahrens ist diese Rechtsfolge zu beachten. Der Verlust des Rechts auf Mietaufhebung tritt hier kraft Gesetzes ein; im Gegensatz zu der Regelung bei der Kündigung wird die Aufhebung des Mietverhältnisses erst mit der Rechtskraft des Aufhebungsurteils wirksam, so daß bis zum Erlaß des Urteils eine nach Erhebung der Klage bewilligte Stundung oder Teilzahlung die Wirksamkeit des Aufhebungsbegehrens beeinträchtigt oder wenigstens beeinträchtigen kann, a. M. Vogels-Rexroth 4 zu § 25. Die Regelung in Satz 1 ist daher lediglich eine Klarstellung geltenden Rechts, keine selbständige Rechtsnorm. Auch hier gilt die Einschränkung, daß der Verlust des Aufhebungsbegehrens nur insoweit eintritt, als die Stundung oder Teilzahlung die Mindestvoraussetzungen des § 3 MSchG. beseitigt, oben 3.

6. Der **Verlust** der Rechtsbehelfe des Vermieters — oben 4, 5 — ist ein **endgültiger.** Die Kündigung verliert ihre Wirksamkeit; deshalb muß erneut gekündigt werden, wenn der Mieter (Pächter) neue Miet(Pacht)zinsrückstände aufkommen läßt oder die auferlegten Teilzahlungen oder die gestundeten Beträge nicht pünktlich bezahlt. Das Recht, die Mietaufhebungsklage zu erheben, entsteht, wenn die Voraussetzungen des § 3 MSchG. infolge Nichterfüllung der Verpflichtungen aus der Vertragshilfe nach §§ 2, 6 VHV. neuerdings eintreten. In solchen Fällen wird in der Regel die sofortige Aufhebung des Mietverhältnisses nach § 5 Abs. 1 Satz 2 MSchG. geboten sein, wenn der Vermieter dies beantragt.

7. Die Verordnung über die **Bewilligung** von **Zahlungsfristen** in Rechtsstreitigkeiten vom 7. Okt. 1939 — abgedruckt unten S. 125 — erfährt durch die Regelung in Abs. 1 Satz 2 und in Abs. 2 für das Mietrecht und Pachtrecht eine nicht unerhebliche Ausdehnung ihres Anwendungsbereichs. Die Vertragshilfeverordnung stellt insoweit eine Ergänzung der Verordnung vom 7. Okt. 1939 dar, die über das Rechtsgebiet der VHV. hinausgreift.

Die Bewilligung von Zahlungsfristen durch den Prozeßrichter erlangt besondere Bedeutung für Mietverhältnisse über Wohnungen und bestimmte Geschäftsräume, für die die Bewilligung von Stundung oder Teilzahlungen nach § 2 nicht in Frage kommt, 2 zu § 4. Die Bewilligung einer Zahlungsfrist für den Mieter (Pächter) hat ebenso wie die Bewilligung einer Stundung oder Teilzahlung nach der VHV. den Verlust der Wirksamkeit einer bereits ausgesprochenen Kündigung des Vermieters zur Folge, oben 4. Hinsichtlich des Rechts des Vermieters zur Fortsetzung des Mietaufhebungsverfahrens gelten die Ausführungen oben 5. Zu beachten ist, daß die Bewilligung einer Zahlungsfrist durch den Prozeßrichter nur für die Dauer von drei Monaten erfolgen kann (§ 1 Abs. 1 der Verordnung vom 7. Okt. 1939; § 25 Abs. 2 Satz 1 VHV.).

Wenn mit dem auf Zahlung des Miet(Pacht)zinses gerichteten Klagebegehren des Vermieters (Verpächters) zugleich eine auf den Rückstand gegründete Räumungs- oder Mietaufhebungsklage verbunden ist, so können die Kosten des Räumungs- oder Mietaufhebungsverfahrens gemäß § 24 Abs. 4 bei Bewilligung der Zahlungsfrist der obsiegenden Partei d. i. dem Mieter (Pächter) ganz oder teilweise auferlegt werden, während für die Verteilung der Kosten der Zahlungsklage § 3 der Verordnung vom 7. Okt. 1939 und die allgemeinen Bestimmungen maßgebend sind. Der Prozeßrichter kann aber auch die Entscheidung über das Räumungs- oder Mietaufhebungsverfahren aussetzen, bis die Entscheidung über die Bewilligung der Zahlungsfristen rechtskräftig ist; dies ist in entsprechender Anwendung des § 24 Abs. 1 möglich. Beide Verfahrensgrundsätze finden auch dann Anwendung, wenn die Zahlungsklage ohne Verbindung mit der Räumungs- und Aufhebungsklage anhängig ist, z. B. wenn für die Zahlungsklage infolge der Höhe des Streitwertes beim Landgericht anhängig ist.

Bedeutsamer noch ist die Vorschrift des Abs. 2, die über den Grundgedanken der Verordnung vom 7. Okt. 1939 hinaus die Bewilligung einer Zahlungsfrist entsprechend den Vorschriften dieser Verordnung bis zur Dauer von drei Monaten wegen eines Miet(Pacht)zinsrückstandes auch dann zuläßt, wenn der Vermieter (Verpächter) eine Klage auf Zahlung des Rückstandes überhaupt nicht erhoben hat, sondern nur das Räumungs- oder Mietaufhebungsverfahren betreibt. Der Mieter (Pächter) kann nach Abs. 2 auch in diesem Räumungs- oder Mietaufhebungsverfahren Antrag auf Bewilligung einer Zahlungsfrist stellen, obwohl er nicht auf Zahlung verklagt ist; der Antrag ist unzulässig, wenn der Mieter (Pächter) wegen des Miet(Pacht)-zinsrückstandes bereits rechtskräftig ohne Bewilligung einer Zahlungsfrist verurteilt worden ist. Wird eine Zahlungsfrist bewilligt und demgemäß die Räumungs- oder Mietaufhebungsklage des Vermieters abgewiesen, so können die Kosten des Räumungs- oder Mietaufhebungsverfahrens entsprechend § 24 Abs. 4 der obsiegenden Partei ganz oder teilweise auferlegt werden. Für die Kosten der Fristbestimmung gilt § 3 der Verordnung vom 7. Okt. 1939 und die allgemeine Kostenbestimmung. Voraussetzung für die durch Urteil auszusprechende Bewilligung der Zahlungsfrist die Anerkennung des Zahlungsanspruchs. Die Anfechtung des Urteils erfolgt nach § 2 der Verordnung vom 7. Okt. 1939.

Verordnung über die Vertragshilfe des Richters aus Anlaß des Krieges (Vertragshilfeverordnung — VHV. —).

Vom 30. November 1939 (RGBl. I S. 2329).

Eine wesentliche Voraussetzung für das Durchhalten der deutschen Wirtschaft im Kriege ist, daß jeder seinen Zahlungsverpflichtungen pünktlich nachkommt. Wer sich dieser Pflicht entzieht, gefährdet den Sieg ebenso wie etwa derjenige, der Rohstoffe verschwendet.

Wo jedoch einzelne Volksgenossen wegen der besonderen Lage ihrer persönlichen und wirtschaftlichen Verhältnisse von den Kriegsfolgen weit härter betroffen werden als die große Mehrzahl der übrigen, müssen die Gläubiger hierauf bei der Geltendmachung ihrer Ansprüche Rücksicht nehmen. Es wird erwartet, daß zwischen den durch die Kriegsverhältnisse unverschuldet in wirtschaftliche Not geratenen Schuldnern und ihren Gläubigern eine billige und gerechte Abwicklung ihrer Verpflichtungen im Wege gütlicher Vereinbarung herbeigeführt wird. Wo gleichwohl eine solche Einigung nicht zustande kommt, ist es Aufgabe des Staates, ausgleichend einzugreifen. Deshalb wird für solche Fälle den Beteiligten die Vertragshilfe des Richters zur Verfügung gestellt.

Aus diesen Erwägungen wird auf Grund gesetzlicher Ermächtigung mit Zustimmung des Generalbevollmächtigten für die

Wirtschaft und des Oberkommandos der Wehrmacht für das Gebiet des Großdeutschen Reichs folgendes verordnet:

Erster Abschnitt.

Vertragshilfe zugunsten des Inhabers eines Gewerbebetriebs.

§ 1. Grundsatz.

(1) Ein Gewerbetreibender, der infolge der Auswirkungen des Krieges genötigt ist, seinen Betrieb stillzulegen, umzustellen oder erheblich einzuschränken und hierdurch in seiner wirtschaftlichen Leistungsfähigkeit wesentlich beeinträchtigt wird, kann, um eine planmäßige Abwicklung seiner Verpflichtungen herbeizuführen, die in den nachstehenden §§ 2 bis 5 vorgesehene Vertragshilfe des Richters in Anspruch nehmen.

(2) Der Richter hat, wenn er eine der in den §§ 2 bis 5 bezeichneten Maßnahmen treffen will, stets die gesamten Erwerbs- und Vermögensverhältnisse des Gewerbetreibenden zu berücksichtigen.

(3) Die Vorschriften dieses Abschnittes gelten nicht für einen Schuldner, der zahlungsunfähig ist. Soweit Überschuldung als Konkursgrund ausreicht, gelten sie ferner nicht für einen Schuldner, der sich im Zustand der Überschuldung befindet.

§ 2. Regelung der Fälligkeit.

(1) Unter den Voraussetzungen des § 1 kann der Richter die Fälligkeit von Zahlungsverpflichtungen des Gewerbetreibenden aus Rechtsverhältnissen, die im Zusammenhang mit dem Gewerbebetrieb vor dem 1. September 1939 begründet sind, auf Antrag des Gewerbetreibenden durch Bewilligung von Teilzahlungen oder Stundung entsprechend der Leistungsfähigkeit des Schuldners regeln. Die Fälligkeitsregelung des Richters ist unanfechtbar.

(2) Der Richter kann, wenn die vom Schuldner beantragte Stundung einzelner Verbindlichkeiten dazu führen würde, daß diese Gläubiger gegenüber Gläubigern von anderen aus der Zeit vor dem 1. September 1939 stammenden Verbindlichkeiten in ungerechtfertigter Weise benachteiligt würden, das Verfahren auf solche anderen Verbindlichkeiten ausdehnen.

(3) Die vorstehenden Vorschriften gelten nicht für Verbindlichkeiten des Gewerbetreibenden, die durch Hypothek oder Grund-

schuld an einem inländischen Grundstück gesichert sind, oder für Verbindlichkeiten aus einem Darlehn, das von der Reichsbank im Lombardverkehr gewährt worden ist, ferner nicht für Lohn- und Gehaltsansprüche, für Verbindlichkeiten aus einem Versicherungsverhältnis sowie für öffentliche Abgaben, Sozialversicherungsbeiträge und Geldstrafen.

(4) Hat der Richter auf Grund des Abs. 1 Stundung gewährt, so ist der Schuldner nicht mehr berechtigt, den im § 8 der Verordnung vom 31. Oktober 1939 (Reichsgesetzbl. I S. 2139) vorgesehenen Antrag an das Vollstreckungsgericht zu richten.

§ 3. Abwicklung gegenseitiger Verträge.

(1) Unter den Voraussetzungen des § 1 kann der Richter einen gegenseitigen Vertrag, den der Gewerbetreibende vor dem 1. September 1939 im Zusammenhang mit dem Gewerbebetrieb geschlossen hat und der bei Stellung des Antrags noch von keinem Vertragsteil vollständig erfüllt ist, auf Antrag des Gewerbetreibenden ganz oder zum Teil aufheben, wenn die Erfüllung oder weitere Erfüllung des Vertrags die Weiterführung oder Abwicklung des Gewerbebetriebs gefährden würde und die Aufhebung dem Vertragsgegner keinen unverhältnismäßigen Schaden verursacht. Die Aufhebungsanordnung des Richters ist unanfechtbar.

(2) Der andere Vertragsteil kann den Gewerbetreibenden, auch wenn die Erfüllungszeit noch nicht eingetreten ist, unter Hinweis auf diese Verordnung auffordern, sich unverzüglich darüber zu erklären, ob er einen Aufhebungsantrag stellen wird. Gibt der Gewerbetreibende nicht binnen einer Woche eine solche Erklärung ab, so kann er den Antrag nicht mehr stellen; das gleiche gilt, wenn er die Erklärung zwar abgibt, den Antrag aber nicht binnen zwei Wochen nach Empfang der Aufforderung zur Erklärung beim zuständigen Gericht einreicht.

(3) Hat der Richter den Vertrag nach Abs. 1 aufgehoben, so kann er dem Gewerbetreibenden auf Verlangen des anderen Teils aufgeben, diesen wegen der Nichterfüllung angemessen zu entschädigen, soweit dies unter Berücksichtigung der Verhältnisse beider Vertragsteile der Billigkeit entspricht. Der Betrag ist in dem Beschluß festzusetzen; der Beschluß kann mit der Aufhebungsanordnung verbunden werden.

(4) Die vorstehenden Vorschriften gelten nicht für Dienst- oder Arbeitsverträge sowie Versicherungsverhältnisse. Für Miet- oder Pachtverträge über Räume oder Grundstücke gelten die besonderen Vorschriften der §§ 4, 5.

§ 4. Herabsetzung der Miete oder Pacht bei Geschäftsräumen.

(1) Unter den Voraussetzungen des § 1 kann der Richter bei einem Miet- oder Pachtverhältnis, das der Gewerbetreibende über Räume oder Grundstücke der im Abs. 3 bezeichneten Art vor dem 1. September 1939 geschlossen hat, auf Antrag des Gewerbetreibenden die Miete oder Pacht für einen bestimmten Zeitraum um einen bei Berücksichtigung der Verhältnisse beider Beteiligten angemessenen Betrag, jedoch um nicht mehr als die Hälfte, herabsetzen.

(2) Die Herabsetzung nach Abs. 1 ist nur zulässig, wenn die Miete oder Pacht in einem erheblichen Mißverhältnis zu dem verminderten Ertrage des Gewerbebetriebes steht und der Gewerbetreibende auch bei angemessener Berücksichtigung seiner sonstigen Mittel nicht in der Lage ist, die bisherige Miete oder Pacht selbst bei Bewilligung von Stundung oder Teilzahlungen weiterhin zu bezahlen. Die Herabsetzung ist unzulässig, wenn bei Berücksichtigung der gesamten Verhältnisse der Beteiligten die Auflösung des Miet- oder Pachtverhältnisses geboten erscheint oder wenn sich die Weiterführung oder spätere Wiedereröffnung des Betriebs volkswirtschaftlich nicht rechtfertigen läßt.

(3) Die vorstehenden Vorschriften gelten nur für Miet- oder Pachtverhältnisse über Räume und Grundstücke, die für den Gewerbebetrieb benutzt werden, und für Wohnräume, die wegen ihres wirtschaftlichen oder räumlichen Zusammenhangs mit den Geschäftsräumen mit diesen zusammen vermietet oder verpachtet sind.

§ 5. Auflösung von Miet- oder Pachtverhältnissen über Geschäftsräume.

(1) Unter den Voraussetzungen des § 1 kann der Richter ein Miet- oder Pachtverhältnis der im § 4 Abs. 3 bezeichneten Art, das der Gewerbetreibende vor dem 1. September 1939 geschlossen hat, auf Antrag des Gewerbetreibenden vorzeitig auf-

lösen. Hierbei bestimmt der Richter den Zeitpunkt der Beendigung des Miet- oder Pachtverhältnisses unter Berücksichtigung der gesetzlichen Kündigungsfrist.

(2) Zugleich mit der Auflösung ist auf Antrag des Vermieters oder Verpächters auszusprechen, daß diesem die Räume oder Grundstücke im Zeitpunkt der Beendigung des Miet- oder Pachtverhältnisses herauszugeben sind.

(3) Hat der Richter das Miet- oder Pachtverhältnis nach Abs. 1 aufgelöst, so kann er dem Gewerbetreibenden auf Verlangen des anderen Teils aufgeben, diesen wegen der vorzeitigen Auflösung angemessen zu entschädigen, soweit dies unter Berücksichtigung der Verhältnisse beider Vertragsteile der Billigkeit entspricht. Der Betrag ist in dem Beschluß festzusetzen; der Beschluß kann mit der Auflösungsanordnung verbunden werden.

Zweiter Abschnitt.

Vertragshilfe in anderen Fällen.

§ 6. Vertragshilfe zugunsten von Schuldnern, die von der Räumung oder Freimachung von Gebietsteilen oder von ähnlichen Kriegsauswirkungen betroffen werden.

(1) Ist jemand

1. infolge der behördlich angeordneten Räumung oder Freimachung von gefährdeten Teilen des deutschen Reichsgebiets oder Wohngebäuden oder
2. infolge anderer auf den Auswirkungen des Krieges beruhender, unabwendbarer Ereignisse

gezwungen, seinen bisherigen regelmäßigen Aufenthaltsort zu verlassen, und kann er deshalb seine Zahlungsverpflichtungen aus Rechtsverhältnissen, die vor Verlassen dieses Aufenthaltsorts begründet sind, nicht rechtzeitig erfüllen, so kann der Richter auf Antrag des Schuldners die Fälligkeit dieser Verbindlichkeiten durch Bewilligung von Teilzahlungen oder Stundung entsprechend der Leistungsfähigkeit des Schuldners regeln. Die Fälligkeitsregelung des Richters ist unanfechtbar.

(2) Ist der Inhaber eines landwirtschaftlichen Betriebs infolge unabwendbarer Auswirkungen des Krieges zwar nicht gezwungen, seinen Betrieb zu verlassen, aber doch an der ordnungsmäßigen Bewirtschaftung der Grundstücke in erheblichem Maße

gehindert und kann er deswegen seine Zahlungsverpflichtungen aus Rechtsverhältnissen, die vor Eintritt der Behinderung begründet sind, nicht rechtzeitig erfüllen, so gelten die Vorschriften des Abs. 1 entsprechend. Eine Behinderung liegt insbesondere dann vor, wenn die Grundstücke wegen der Räumung oder Freimachung von Gebietsteilen oder infolge der Errichtung von Anlagen, die der Reichsverteidigung dienen, nicht zugänglich sind.

(3) In den vorbezeichneten Fällen gelten die Vorschriften des § 2 Abs. 2 bis 4 entsprechend, jedoch mit der Abweichung, daß die Fälligkeitsregelung auch für Verbindlichkeiten zulässig ist, die dem Schuldner als Versicherungsnehmer obliegen.

§ 7. Vertragshilfe zugunsten des Grundbesitzes.

(1) Erleidet der Eigentümer eines Grundstücks dadurch einen Ausfall,

1. daß er infolge der Auswirkungen des Krieges genötigt ist, seinen auf dem Grundstück befindlichen Gewerbebetrieb stillzulegen, umzustellen oder erheblich einzuschränken, oder
2. dadurch, daß auf Grund der §§ 4, 5 oder auf Grund einer entsprechenden gütlichen Vereinbarung mit dem Mieter oder Pächter die Miete oder Pacht herabgesetzt oder das Miet- oder Pachtverhältnis vorzeitig aufgelöst wird, oder
3. dadurch, daß er infolge der Auswirkungen des Krieges, insbesondere wegen der im § 6 Abs. 1, 2 bezeichneten Verhältnisse, an der Nutzung seines Grundstücks gehindert ist (etwa weil er wegen der Räumung oder Freimachung von Gebietsteilen das Grundstück nicht mehr bewirtschaften kann oder weil der Mieter oder Pächter des Grundstücks wegen der Räumung oder Freimachung des Gebiets von der Entrichtung der Miete oder Pacht befreit ist),

und ist der Ausfall so erheblich, daß der Eigentümer unter Berücksichtigung seiner Vermögens- und Erwerbsverhältnisse sowie der notwendigen Aufwendungen für das Grundstück nicht imstande ist, die auf dem Grundstück lastenden Zins- und Tilgungsverpflichtungen und Reallastleistungen zu erfüllen, so kann er die Vertragshilfe des Richters in Anspruch nehmen.

(2) In diesem Falle kann der Richter:

1. die Fälligkeit von Hypotheken- oder Grundschuldzinsen und Reallastleistungen durch Bewilligung von Teilzahlungen

oder Stundung entsprechend der Leistungsfähigkeit des Eigentümers regeln;

2. die Verpflichtung zur Zahlung von Tilgungsbeträgen auf Forderungen, die durch eine Hypothek oder Grundschuld an dem betroffenen Grundstück gesichert sind, für einen bestimmten Zeitraum aussetzen;
3. den Zins von Forderungen, die durch Hypothek oder Grundschuld an dem betroffenen Grundstück gesichert sind, für einen bestimmten Zeitraum um einen angemessenen Betrag, jedoch nicht unter einem Zinsfuß von 5 vom Hundert, herabsetzen; dies gilt nicht für Forderungen oder Grundschulden, die auf einem Rechtsgeschäft beruhen, bei dem eine langfristige Bodenbeleihung nicht beabsichtigt war, oder die zur Deckung von im Ausland aufgenommenen Anleihen dienen, sowie für die zur Deckung von Liquidationspfandbriefen dienenden Aufwertungshypotheken;
4. die Leistungen aus einer Reallast für einen bestimmten Zeitraum in angemessenem Umfang herabsetzen.

(3) Unter Tilgungsbeträgen im Sinne dieser Verordnung sind Zuschläge zu verstehen, die zu den Zinsen zu leisten sind und vereinbarungsgemäß zuzüglich ersparter Zinsen zur allmählichen Tilgung der Kapitalschuld dienen.

§ 8. Regelung der Fälligkeit des Hypotheken- oder Grundschuldkapitals.

(1) Wird nach dem 25. August 1939 nach Gesetz oder Vertrag eine Forderung, die bereits an diesem Tage an einem inländischen Grundstück durch Hypothek oder Grundschuld gesichert ist, fällig und ist der Schuldner oder Eigentümer nicht imstande, den Betrag aufzubringen, so kann der Richter auf seinen Antrag die Fälligkeit des Kapitals in entsprechender Anwendung der §§ 10 bis 14 der Verordnung zur Regelung der Fälligkeit alter Hypotheken vom 22. Dezember 1938 (Reichsgesetzbl. I S. 1905) regeln, soweit nicht in unmittelbarer Anwendung der vorerwähnten Verordnung eine Fälligkeitsregelung getroffen werden kann.

(2) Der Antrag kann nur binnen sechs Wochen seit der Fälligkeit oder, wenn die Fälligkeit von einer Kündigung abhängt, seit der Kündigung gestellt werden. Ist bereits vor dem Inkrafttreten dieser Verordnung die Fälligkeit eingetreten oder die

Kündigung ausgesprochen, so kann der Antrag nur binnen sechs Wochen nach dem Inkrafttreten der Verordnung gestellt werden.

(3) War der Antragsteller ohne sein Verschulden verhindert, die im Abs. 2 vorgesehene Antragsfrist einzuhalten, so kann ihm der Richter Nachsicht gewähren, wenn er den Antrag binnen zwei Wochen nach der Beseitigung des Hindernisses einbringt und die Tatsachen, welche die Nachsicht begründen, glaubhaft macht. Im übrigen gilt § 8 Abs. 4 der Verordnung vom 22. Dezember 1938 (Reichsgesetzbl. I S. 1905) entsprechend.

(4) Die vorstehenden Vorschriften gelten nicht für Tilgungsbeträge.

§ 9. Aufhebung von Rechtsnachteilen.

(1) Wird der Schuldner durch die Auswirkungen des Krieges ohne sein Verschulden gehindert, eine nach dem 25. August 1939 fällig gewordene Verbindlichkeit zu erfüllen, so kann der Richter auf Antrag des Schuldners anordnen, daß Rechtsfolgen, die nach Gesetz oder Vertrag für den Fall der Nichterfüllung oder der nicht rechtzeitigen Erfüllung vorgesehen und dem Schuldner nachteilig sind, ganz oder teilweise als nicht eingetreten gelten (z. B. die Verpflichtung zur Zahlung von Verzugszinsen, die vorzeitig eingetretene Fälligkeit eines Kapitals oder die Entstehung von Kündigungs- oder Rücktrittsrechten). Beruht die Verbindlichkeit auf einem nach dem 25. August begründeten Rechtsverhältnis, so gilt diese Vorschrift nur, wenn die Behinderung des Schuldners auf Kriegsauswirkungen beruht, die er ohne Verschulden nicht mit genügender Sicherheit voraussehen konnte.

(2) Abs. 1 gilt auch für Versicherungsverhältnisse. Der Versicherungsnehmer hat jedoch den Antrag spätestens innerhalb einer Frist von sechs Monaten nach dem Zeitpunkt zu stellen, in dem sich der Versicherer ihm gegenüber auf den Eintritt der Rechtsfolgen des Prämienverzuges berufen hat. Solange der Versicherungsnehmer ohne sein Verschulden gehindert ist, die Frist einzuhalten, ist der Lauf der Frist gehemmt.

(3) Abs. 1 gilt nicht für Ansprüche aus einem Wechsel oder Scheck oder für Ansprüche aus einem Darlehn, das von der Reichsbank im Lombardverkehr gewährt worden ist.

(4) Das Recht des Vermieters, wegen eines Mietrückstandes ein Mietverhältnis über Räume zu kündigen oder dessen Aufhebung zu verlangen, kann durch die Vertragshilfe nach Abs. 1 nicht

beseitigt werden. Das gleiche gilt für Pachtverhältnisse über Räume und gewerblich genutzte unbebaute Grundstücke.

(5) Durch eine auf Grund des Abs. 1 ergehende Anordnung kann die Berechtigung eines Pfandgläubigers oder eines Sicherungsnehmers, sich aus dem Pfand oder dem Sicherungsgut zu befriedigen, nicht beseitigt werden. Jedoch sind die gesetzlichen Vorschriften über die Androhung des Pfandverkaufs und über die zwischen der Androhung und dem Verkauf liegende Frist auch dann anzuwenden, wenn auf die Beobachtung dieser Vorschriften vor Eintritt der Verkaufsberechtigung verzichtet worden ist. Die Vorschriften des § 8 der Verordnung vom 31. Oktober 1939 (Reichsgesetzbl. I S. 2139) bleiben unberührt.

Dritter Abschnitt.

Verfahren.

§ 10. Zuständigkeit.

(1) Zur Gewährung der richterlichen Vertragshilfe nach den §§ 1 bis 9 ist das Amtsgericht zuständig, bei dem der Schuldner seinen allgemeinen Gerichtsstand hat.

(2) Das Amtsgericht kann die Sache aus wichtigem Grunde an ein anderes Amtsgericht abgeben, wenn sich dieses zur Übernahme bereit erklärt. Einigen sich die Gerichte nicht, so entscheidet das gemeinsame obere Gericht und, wenn dieses das Reichsgericht ist, dasjenige Oberlandesgericht, zu dessen Bezirk das Gericht gehört, an welches die Sache abgegeben werden soll. Diese Entscheidung ist unanfechtbar.

(3) Bezieht sich die beantragte Vertragshilfe lediglich auf Ansprüche, die an einem inländischen Grundstück durch Hypothek oder Grundschuld gesichert sind, oder auf Ansprüche aus einem Miet- oder Pachtverhältnis, so ist das Amtsgericht zuständig, in dessen Bezirk das Grundstück gelegen ist.

(4) Aus Zweckmäßigkeitsgründen können mehrere Verfahren, insbesondere ein Verfahren nach § 4 mit einem solchen nach § 7, verbunden werden. In diesem Falle ist das Gericht zuständig, bei dem der Antrag zuerst eingegangen ist. Abs. 2 gilt entsprechend.

§ 11. Außergerichtliche Einigung.

Der Schuldner soll im allgemeinen die Vertragshilfe des Richters erst in Anspruch nehmen, nachdem er versucht hat, sich mit dem Gläubiger außergerichtlich zu einigen.

§ 12. Verfahrensvorschriften.

(1) Für das Verfahren gilt, soweit diese Verordnung nichts anderes bestimmt, das Reichsgesetz über die Angelegenheiten der freiwilligen Gerichtsbarkeit (das Verfahren außer Streitsachen).

(2) Die Vertragshilfe wird nur gewährt für Ansprüche, die der Schuldner bei Stellung des Antrags anerkennt. Erkennt er einen Anspruch nur teilweise an, so kann der Richter hinsichtlich des anerkannten Teils die Vertragshilfe gewähren, wenn dies nach den Umständen zweckmäßig erscheint.

§ 13. Begründung des Antrags.

(1) Der Schuldner soll in seinem Antrag seine Vermögens- und Erwerbsverhältnisse offenlegen, insbesondere auch angeben, in welchem Maße er durch die Auswirkungen des Krieges in seiner wirtschaftlichen Leistungsfähigkeit beeinträchtigt wird, ferner ob und mit welchem Erfolg er außergerichtliche Verhandlungen mit dem Gläubiger geführt hat.

(2) In der Regel soll der Schuldner seinem Antrag beifügen:

1. eine geordnete Vermögensübersicht, die eine Gegenüberstellung der Aktiven und Passiven enthält;
2. ein genaues Verzeichnis der Gläubiger und Schuldner mit Angabe der Anschrift, des Schuldgrundes und der Nebenrechte.

(3) Stellt der Gewerbetreibende nach § 4 den Antrag auf Herabsetzung von Miete oder Pacht, so soll er in seinem Antrag angeben, ob wegen der Höhe der Miete oder Pacht ein Verfahren vor der Preisbehörde anhängig ist oder anhängig war.

(4) Der Schuldner hat seine Angaben auf Verlangen des Gerichts glaubhaft zu machen.

§ 14. Einigung vor dem Richter.

(1) Der Richter soll mit den Beteiligten in der Regel mündlich verhandeln und hierbei darauf hinwirken, daß sie sich gütlich

einigen. Kommt eine Einigung zustande, so ist hierüber eine Niederschrift aufzunehmen, und zwar nach den Vorschriften, die für die Niederschrift über einen Vergleich im bürgerlichen Rechtsstreit gelten.

(2) Auch wenn eine mündliche Verhandlung nicht stattfindet, hat der Richter die Beteiligten, gegen welche die Entscheidung wirken soll, zu hören, soweit dies möglich ist.

§ 15. Beteiligung anderer Stellen.

(1) Vor der Entscheidung soll das Gericht die für den Antragsteller zuständige Berufs- oder Wirtschaftsvertretung (z. B. die Industrie- und Handelskammer, die Handwerkskammer, den Landesbauernführer) hören. In geeigneten Fällen soll das Gericht auch die Berufs- oder Wirtschaftsvertretung anderer Beteiligter hören.

(2) Hat die Preisbehörde die Miete festgesetzt oder dem Vermieter die Genehmigung zur Erhöhung der Miete erteilt, so hat der Richter in einem nach § 4 eingeleiteten Verfahren bei der Herabsetzung der Miete von der durch die Preisbehörde festgesetzten oder genehmigten Miete auszugehen. Ist vor der Preisbehörde ein Verfahren über die Höhe der Miete anhängig, so soll der Richter vor seiner Entscheidung den Ausgang dieses Verfahrens abwarten. Der Richter soll ferner, falls ein Verfahren über die Höhe der Miete vor der Preisbehörde anhängig war, die Akten der Preisbehörde beiziehen. Die Preisbehörde ist nach Rechtskraft eine Abschrift der Entscheidung über die Herabsetzung der Miete zu übersenden. Die vorstehenden Vorschriften gelten entsprechend für die Pacht.

§ 16. Entscheidung.

(1) Kommt eine gütliche Einigung nach § 14 nicht zustande, so trifft der Richter nach §§ 1 bis 9 durch einen mit Gründen versehenen Beschluß eine rechtsgestaltende Entscheidung.

(2) Die Entscheidung wird mit der Rechtskraft wirksam und ersetzt die entsprechenden Vereinbarungen der Parteien. Sie wirkt nur hinsichtlich der Verbindlichkeiten, die in der Formel des Beschlusses selbst oder in einer Anlage aufgeführt sind.

(3) Betrifft die Entscheidung einen Anspruch, über den ein Vollstreckungstitel vorliegt, so ist ein Vermerk über die Entscheidung auf dem Titel anzubringen oder mit ihm zu verbinden.

§ 17. Vollstreckungsschutz.

Um den Erfolg der richterlichen Vertragshilfe zu sichern, kann der Richter für die Dauer des Verfahrens durch besonderen Beschluß anordnen, daß eine Zwangsvollstreckung, die gegen den Schuldner bei Eingang des Antrags anhängig ist oder später anhängig wird, bis zur Entscheidung über den Antrag einstweilen eingestellt (aufgeschoben) wird. Aus besonderen Gründen kann er auch anordnen, daß eine Zwangsvollstreckungsmaßnahme aufzuheben ist.

§ 18. Einstweilige Anordnungen. Maßnahmen zur Sicherung der Gläubiger.

(1) Der Richter kann, soweit ihm dies nach den Umständen geboten erscheint, während des Verfahrens einstweilige Anordnungen treffen. Die Anordnungen können nur zugleich mit der Endentscheidung angefochten werden.

(2) Der Richter kann ferner während des Verfahrens oder in der Endentscheidung die zur Sicherung der Gläubiger erforderlichen Maßnahmen treffen. Er kann insbesondere dem Schuldner wegen der Verwertung seines Warenbestandes oder sonstigen Vermögens oder wegen der Verfügung über den Erlös veräußerter Gegenstände Auflagen machen.

(3) Der Richter kann zur Beaufsichtigung des Geschäftsbetriebs des Schuldners einen Treuhänder bestellen. Für den Treuhänder gelten, soweit das Gericht nichts anderes anordnet, die Vorschriften sinngemäß, die in der Vergleichsordnung (Ausgleichsordnung) für den Vergleichsverwalter (Ausgleichsverwalter) vorgesehen sind.

(4) Auf die Vollstreckung der in den Abs. 1, 2 vorgesehenen Anordnungen sind die Vorschriften der Zivilprozeßordnung über die Zwangsvollstreckung entsprechend anzuwenden.

§ 19. Beschwerde.

(1) Soweit in dieser Verordnung nichts anderes bestimmt wird, ist gegen die Entscheidung des Amtsgerichts innerhalb einer Frist von zwei Wochen die sofortige Beschwerde (der Rekurs) zulässig. Über die Beschwerde (den Rekurs) entscheidet das Oberlandesgericht.

(2) Eine weitere Beschwerde (weiterer Rekurs) findet nicht statt.

§ 20. Änderungsverfahren.

(1) Der Richter kann eine auf Grund dieser Verordnung erlassene rechtskräftige Entscheidung auf Antrag eines Beteiligten oder von Amts wegen ändern, wenn dies wegen einer wesentlichen Veränderung der tatsächlichen Verhältnisse oder infolge von Umständen, die nachträglich ermittelt wurden, dringend geboten erscheint.

(2) Der Richter kann namentlich eine Stundung aufheben, wenn sich ergeben sollte, daß der Schuldner seine Pflichten gegenüber dem Treuhänder nicht erfüllt oder Anstalten trifft, um sein Vermögen dem Zugriff der Gläubiger zu entziehen.

(3) Die im Änderungsverfahren ergehende Entscheidung wird mit der Rechtskraft wirksam. Das Gericht kann jedoch, auch wenn eine Beschwerde zulässig ist, bestimmen, daß die Entscheidung sofort wirksam sein soll.

§ 21. Kosten des Verfahrens.

(1) Für die Gerichtskosten gelten, soweit in dieser Verordnung nichts anderes bestimmt ist, die Vorschriften der Kostenordnung vom 25. November 1935 (Reichsgesetzbl. I S. 1371). Vorschüsse werden jedoch nicht erhoben.

(2) Die Gerichtsgebühr für das Verfahren des ersten Rechtszuges beträgt fünf bis eintausend Reichsmark. Sie wird, wenn mehrere Verfahren verbunden sind, für jeden Schuldner erhoben, der einen Antrag auf Vertragshilfe stellt. Beantragt ein Schuldner mehrere Maßnahmen in einem Verfahren, so wird nur eine Gebühr erhoben.

(3) Die Gebühr (Abs. 2) wird vom Richter unter Berücksichtigung des Umfangs der Sache und der Leistungsfähigkeit des Schuldners festgesetzt. Für Vollstreckungsschutzmaßnahmen (§ 17) wird keine besondere Gebühr erhoben.

(4) Die Kosten des Verfahrens des ersten Rechtszugs trägt grundsätzlich der Antragsteller. Der Richter kann die Kosten ganz oder teilweise einem oder mehreren der übrigen Beteiligten auferlegen, soweit dies der Billigkeit entspricht.

(5) Die Festsetzung der Gebühr (Abs. 3) und der Entscheidung über die Kostentragung (Abs. 4) können nicht selbständig angefochten werden.

(6) Die Gebühr für das Beschwerdeverfahren (§ 19) bestimmt sich nach § 123 der Kostenordnung. Das Beschwerdegericht setzt

den Wert des Beschwerdegegenstands in jedem Falle von Amts wegen fest. Die Festsetzung ist unanfechtbar.

(7) Das Beschwerdegericht kann die Durchführung des Beschwerdeverfahrens von der Zahlung eines Kostenvorschusses abhängig machen. Über Erinnerungen gegen den Kostenansatz entscheidet das Beschwerdegericht endgültig.

(8) Die Vorschriften der Abs. 1 bis 7 gelten auch in den Teilen des Reichsgebiets, in denen die Kostenordnung vom 25. November 1935 bisher noch nicht allgemein eingeführt ist.

§ 22. Außergerichtliche Kosten.

(1) Außergerichtliche Kosten werden nicht erstattet.

(2) Die Gebühren der Rechtsanwälte bestimmen sich bis auf weiteres nach den Vorschriften der Landesgebührenordnungen.

(3) Der Rechtsanwalt kann eine Gebührenvereinbarung treffen. Diese ist jedoch nur gültig, wenn sie schriftlich getroffen ist.

§ 23. Vollstreckbarkeit.

(1) Aus einem Vergleich (§ 14) sowie aus einer rechtskräftigen Entscheidung, die der Richter nach § 3 Abs. 3, § 5 Abs. 3 über den Schadensersatzanspruch oder nach § 5 Abs. 2 über die Herausgabe von Räumen oder Grundstücken trifft, findet die Zwangsvollstreckung wie aus einem rechtskräftigen Urteil statt.

(2) In einem Verfahren zur Fälligkeitsregelung von Verbindlichkeiten oder zur Herabsetzung von Zinsen oder Realleistungen (§§ 2, 6 bis 8) kann der Richter auf Antrag des Gläubigers die Pflicht des Schuldners zur Leistung, insbesondere zur Zahlung oder zur Duldung der Zwangsvollstreckung, aussprechen. In diesem Falle findet auch aus einer solchen rechtskräftigen Entscheidung die Zwangsvollstreckung wie aus einem rechtskräftigen Urteil statt.

Vierter Abschnitt.

Ergänzende Vorschriften.

§ 24. Verhältnis zum bürgerlichen Rechtsstreit.

(1) Hängt die Entscheidung eines bürgerlichen Rechtsstreits ganz oder zum Teil davon ab, welche Entscheidung auf Grund dieser Verordnung im Vertragshilfeverfahren ergeht, so kann das

Prozeßgericht anordnen, daß das Verfahren bis zur Entscheidung über den Vertragshilfeantrag ausgesetzt (unterbrochen) wird.

(2) Wird über einen Anspruch, für den nach den §§ 2, 6, 7 eine Fälligkeitsregelung getroffen werden kann, ein Rechtsstreit anhängig, bevor der Schuldner einen solchen Vertragshilfeantrag gestellt hat, so kann der Schuldner den Antrag, ihm nach diesen Vorschriften Teilzahlungen oder Stundung zu bewilligen, beim Prozeßgericht anbringen. Die Möglichkeit, den Antrag bei einem anderen als dem Prozeßgericht anzubringen, entfällt. Auf das Verfahren und die Entscheidung über den Antrag des Schuldners ist die Verordnung über die Bewilligung von Zahlungsfristen in Rechtsstreitigkeiten vom 7. Oktober 1939 (Reichsgesetzbl. I S. 2004) sinngemäß anzuwenden, jedoch mit der Abweichung, daß die Stundung auch auf die Dauer von mehr als drei Monaten bewilligt werden kann.

(3) Wird über einen Anspruch, bei dem die Aufhebung von Rechtsnachteilen nach § 9 in Frage kommt, ein Rechtsstreit anhängig, bevor der Schuldner einen solchen Antrag beim Vertragshilfegericht gestellt hat, so kann der Schuldner den Antrag, die im § 9 vorgesehene Anordnung zu treffen, beim Prozeßgericht anbringen. Die Möglichkeit, den Antrag bei einem anderen als dem Prozeßgericht anzubringen, entfällt. Die Vorschriften der vorerwähnten Verordnung vom 7. Oktober 1939 gelten sinngemäß.

(4) Siegt im Falle des Abs. 3 eine Partei lediglich deshalb ob, weil eine Anordnung nach § 9 ergeht, so können die Kosten des Rechtsstreits der obsiegenden Partei ganz oder teilweise auferlegt werden.

§ 25. Besondere Vorschriften für Miet- und Pachtverhältnisse.

(1) Wird wegen eines Mietrückstandes Stundung oder Teilzahlung auf Grund dieser Verordnung bewilligt, so verliert eine auf diesen Mietrückstand gestützte Kündigung des Vermieters ihre Wirksamkeit und der Vermieter hat nicht mehr das Recht, wegen des Mietrückstandes die Aufhebung des Mietverhältnisses zu verlangen. Das gleiche gilt, wenn wegen eines Mietrückstandes eine Zahlungsfrist nach der Verordnung über die Bewilligung von Zahlungsfristen in Rechtsstreitigkeiten vom 7. Oktober 1939 (Reichsgesetzbl. I S. 2004) bewilligt wird; in diesem Falle ist in

einem etwa gleichzeitig anhängigen, auf Räumung oder Aufhebung des Mietverhältnisses gerichteten Rechtsstreit § 24 Abs. 4, gegebenenfalls auch § 24 Abs. 1 entsprechend anzuwenden.

(2) Auch wenn der Vermieter wegen eines Mietrückstandes die Klage auf Räumung oder Aufhebung des Mietverhältnisses, jedoch nicht die Klage auf Zahlung des Mietrückstandes erhoben hat, kann das Prozeßgericht dem Mieter, falls er den Zahlungsanspruch anerkennt, auf seinen Antrag in entsprechender Anwendung der Verordnung vom 7. Oktober 1939 für den Mietrückstand eine Zahlungsfrist bis zur Dauer von drei Monaten bewilligen. Die Bewilligung ist im Urteil auszusprechen. Wird dem Antrag stattgegeben, so ist § 24 Abs. 4 entsprechend anzuwenden.

(3) Die Abs. 1, 2 gelten auch für Pachtverhältnisse. Sie sind ferner entsprechend anzuwenden im Bestandverfahren nach den §§ 571 bis 575 der Zivilprozeßordnung vom 1. August 1895.

§ 26. Besondere Vorschriften für Ansprüche aus einem Wechsel oder Scheck.

(1) Gewährt das Gericht auf Grund dieser Verordnung einen Wechselschuldner Stundung, so wird hierdurch die Verpflichtung der anderen Wechselschuldner nicht berührt.

(2) Der Inhaber des Wechsels kann ungeachtet der dem Hauptwechselschuldner gewährten Stundung bei Verfall Rückgriff nehmen.

(3) Wird nach Ablauf der Stundung die Einlösung des Wechsels bei dem Wechselschuldner, dem Stundung gewährt worden ist, verlangt, so hat er die Wechselsumme mit den inzwischen aufgelaufenen Nebenbeträgen zu zahlen (Artikel 28 Abs. 2, Artikel 48, 49, 77, 78 des Wechselgesetzes).

(4) Die vorstehenden Vorschriften gelten für den Scheck sinngemäß.

§ 27. Erhaltung des Rangs in der Zwangsversteigerung.

(1) Wird eine Verpflichtung zu wiederkehrenden Leistungen, für die ein Recht auf Befriedigung aus dem Grundstück besteht, auf Grund dieser Verordnung durch Gerichtsbeschluß oder gemäß § 14 durch gütliche Einigung gestundet, so wird die Zeit der

Stundung in die Fristen des § 10 des Zwangsversteigerungsgesetzes (§ 216 der Exekutionsordnung) nicht eingerechnet.

(2) Haben die Beteiligten sich unter den Voraussetzungen des § 7 außerhalb eines Vertragshilfeverfahrens über eine entsprechende Stundung geeinigt und hat der Vertragshilferichter durch Beschluß bestätigt, daß die Voraussetzungen des § 7 vorliegen, so gilt Abs. 1 entsprechend.

§ 28. Eintragung im Grundbuch.

(1) Hat der Richter eine Regelung nach den §§ 7, 8 getroffen oder haben die Beteiligten sich über eine entsprechende Regelung vor dem Richter gütlich geeinigt (§ 14, § 24 Abs. 2) oder hat der Richter eine Bestätigung nach § 27 Abs. 2 erteilt, so kann der Richter das Grundbuchamt (Grundbuchsgericht) um Eintragung der Rechtsänderung in das Grundbuch ersuchen. Eine Eintragung, die auf Grund eines solchen Ersuchens vorgenommen wird, ist gebührenfrei.

(2) Haben die Beteiligten sich unter den Voraussetzungen der §§ 7, 8 außerhalb eines Vertragshilfeverfahrens über eine diesen Vorschriften entsprechende Regelung geeinigt, so wird die Rechtsänderung auf Antrag gebührenfrei in das Grundbuch eingetragen.

§ 29. Treuhänder. Öffentlich-rechtliche Körperschaften.

(1) Gesetzliche Vertreter des Gläubigers, Treuhänder und sonstige Verwalter oder Verwahrer fremden Vermögens verstoßen dadurch, daß sie dem Schuldner eine Erleichterung nach dieser Verordnung gewähren, nicht gegen die ihnen obliegenden Pflichten.

(2) Reich, Länder (Reichsgaue) und sonstige öffentlich-rechtliche Körperschaften und Anstalten können von etwa entgegenstehenden allgemeinen haushaltsrechtlichen Vorschriften abweichen, um die Durchführung dieser Verordnung zu ermöglichen.

§ 30. Hemmung von Verjährungsfristen.

(1) Die Verjährung ist gehemmt für und gegen:

1. Wehrmachtangehörige;
2. Personen, die, ohne Wehrmachtangehörige zu sein, wegen der Auswirkungen des Krieges zu ständigen Dienstleistungen

außerhalb ihres regelmäßigen Aufenthaltsorts herangezogen sind;
3. Personen, die wegen der Auswirkungen des Krieges sich dienstlich im Ausland aufhalten oder sich als Gefangene oder Geiseln in fremder Gewalt befinden;
4. Personen, die wegen der im § 6 Abs. 1 bezeichneten Verhältnisse gezwungen sind, ihren regelmäßigen Aufenthaltsort zu verlassen.

(2) Die Hemmung beginnt bei Nr. 1 und 2 mit der Einberufung, bei Nr. 3 und 4 mit den dort bezeichneten Ereignissen, in allen Fällen jedoch frühestens mit dem 25. August 1939. Die Hemmung endigt mit dem Wegfall der Gründe, auf denen sie beruht.

§ 31. Hemmung sonstiger Fristen.

(1) Die Vorschriften des § 30 gelten entsprechend
1. für Fristen, die für die Beschreitung des Rechtswegs oder die sonstige Geltendmachung von Rechten im gerichtlichen Verfahren vorgeschrieben sind, sowie
2. für alle sonstigen Fristen, auf die § 203 des Bürgerlichen Gesetzbuchs ganz oder teilweise entsprechend anzuwenden ist.

(2) Dies gilt nicht für Ausschlußfristen, innerhalb deren ein Versicherungsnehmer seinen Anspruch auf die Leistungen des Versicherers gerichtlich geltend zu machen hat.

(3) Die Vorschriften des § 28 Abs. 1 Satz 2, § 29 Abs. 2 Satz 2 des österreichischen Versicherungsvertragsgesetzes vom 23. Dezember 1917 (RGBl. Nr. 501) und des im Reichsgau Sudetenland und im Protektorat Böhmen und Mähren geltenden Versicherungsvertragsgesetzes vom 3. Juli 1934 (SdGuV. Nr. 145) sind bis auf weiteres nicht anzuwenden.

Fünfter Abschnitt.

Schlußvorschriften.

§ 32. Aufhebung von Vorschriften.

Es werden aufgehoben:
1. die Artikel 8 und 9 der Verordnung über Maßnahmen auf dem Gebiete des bürgerlichen Streitverfahrens, der Zwangsvollstreckung, des Konkurses und des bürgerlichen Rechts vom 1. September 1939 (Reichsgesetzbl. I S. 1656), und

zwar Artikel 9 vorbehaltlich der aus § 34 Abs. 2 ersichtlichen Einschränkung;

2. die Vorschriften des § 7 der Verordnung über weitere Maßnahmen auf dem Gebiete der Zwangsvollstreckung vom 31. Oktober 1939 (Reichsgesetzbl. I S. 2139).

§ 33. Anträge von Juden.

Personen, die Juden sind oder als Juden gelten (§ 5 der Ersten Verordnung zum Reichsbürgergesetz vom 14. November 1935, Reichsgesetzbl. I S. 1333), können die in dieser Verordnung vorgesehene richterliche Vertragshilfe nicht in Anspruch nehmen.

§ 34. Anwendung im Protektorat Böhmen und Mähren.

(1) Im Protektorat Böhmen und Mähren kann die Vertragshilfe nach den Vorschriften dieser Verordnung von Personen in Anspruch genommen werden, die nicht Protektoratsangehörige sind. Für die Entscheidung über Vertragshilfeanträge, die auf Grund dieser Verordnung von solchen Personen gestellt werden, sind die deutschen Gerichte zuständig.

(2) Solange § 9 dieser Verordnung für Schuldner, die Protektoratsangehörige sind, im Protektorat Böhmen und Mähren nicht gilt, bleiben dort für diese Schuldner die Vorschriften des Artikels 9 der im § 32 erwähnten Verordnung vom 1. September 1939 (Reichsgesetzbl. I S. 1656) in Kraft.

§ 35. Vorbehalt wegen der Ostgebiete.

Die Inkraftsetzung dieser Verordnung in den Ostgebieten, die im § 1 der Verordnung vom 26. Oktober 1939 (Reichsgesetzbl. I S. 2108) bezeichnet sind, bleibt vorbehalten.

§ 36. Durchführungsvorschriften.

(1) Der Reichsminister der Justiz erläßt die Vorschriften zur Durchführung und Ergänzung dieser Verordnung durch Rechtsverordnung oder im Verwaltungsweg. Er kann über Zweifelsfragen im Verwaltungsweg entscheiden.

(2) Der Reichsminister der Justiz bestimmt den Zeitpunkt des Außerkrafttretens dieser Verordnung.

Der Generalbevollmächtigte für die Reichsverwaltung.

Verordnung über das Kriegsausgleichsverfahren

Vom 30. November 1939 (RGBl. I S. 2338).

Eine verständige Haltung der Gläubiger, nötigenfalls unterstützt durch die Vertragshilfe des Richters, wird dazu führen, daß trotz der Auswirkungen des Krieges die übergroße Mehrzahl der in Mitleidenschaft gezogenen Betriebe der deutschen Wirtschaft zahlungsfähig erhalten bleibt. Dennoch ist damit zu rechnen, daß einzelne Betriebe oder Personen stärker betroffen werden und in Zahlungsunfähigkeit oder Überschuldung geraten. Diese können nur dann vor dem Konkurs bewahrt werden, wenn ihnen eine durchgreifende Hilfe zuteil wird. Für sie wird, falls sie dessen würdig sind, ein besonderes Kriegsausgleichsverfahren bereitgestellt, das in erster Linie in angemessenem Umfang eine Gesamtstundung, notfalls aber auch einen Teilerlaß der nicht dinglich gesicherten Verbindlichkeiten ermöglicht. Von dem gewöhnlichen Vergleichsverfahren unterscheidet sich dieses Kriegsausgleichsverfahren namentlich dadurch, daß es jeden kreditschädigenden Charakters entkleidet ist.

Aus diesen Erwägungen wird auf Grund gesetzlicher Ermächtigung mit Zustimmung des Generalbevollmächtigten für die Wirtschaft und des Oberkommandos der Wehrmacht für das Gebiet des Großdeutschen Reichs folgendes verordnet:

Erster Abschnitt.

Kriegsausgleichsverfahren.

§ 1. Antragsrecht.

(1) Wer durch die Auswirkungen des Krieges zahlungsunfähig geworden ist, kann die Eröffnung des Kriegsausgleichsverfahrens beantragen.

(2) Das gleiche gilt, wenn ein Schuldner, für den die Überschuldung als Konkursgrund ausreicht, infolge der Auswirkungen des Krieges überschuldet wird.

(3) Wer auf Grund gesetzlicher Vorschrift verpflichtet ist, wegen Zahlungsunfähigkeit oder Überschuldung die Eröffnung des Vergleichs- oder des Konkursverfahrens zu beantragen, genügt dieser Pflicht auch dadurch, daß er die Eröffnung des Kriegsausgleichsverfahrens beantragt.

§ 2. Verfahren.

(1) Soweit sich aus dem folgenden nichts anderes ergibt, sind auf das Kriegsausgleichsverfahren die Vorschriften der Vergleichsordnung vom 26. Februar 1935 (Reichsgesetzbl. I S. 321) entsprechend anzuwenden.

(2) Hierbei sind folgende Ausdrücke zu gebrauchen:
statt Vergleichsverfahren — Kriegsausgleichsverfahren,
statt Vergleichsschuldner — Ausgleichsschuldner,
statt Vergleichsgläubiger — Ausgleichsgläubiger,
statt Vergleichsverwalter — Ausgleichsverwalter,
statt Vergleichsvorschlag — Ausgleichsvorschlag.

(3) In den Gebieten außerhalb des alten Reichsgebiets gelten die Abs. 1 und 2 entsprechend für die dort in Kraft befindlichen Vergleichs- oder Ausgleichsordnungen.

§ 3. Inhalt des Ausgleichsvorschlags.

(1) Die Vorschriften, wonach die im Ausgleichsvorschlag vorgesehene Stundung gewisse Höchstfristen nicht überschreiten darf (z. B. § 7 Abs. 2 der Vergleichsordnung), sind nicht anzuwenden.

(2) Sieht der Ausgleichsvorschlag eine Überschreitung der regelmäßigen Höchstfristen vor, so hat der Richter die Angemessenheit des Ausgleichsvorschlags mit besonderer Sorgfalt zu prüfen.

(3) Die Vorschriften, wonach der Ausgleichsvorschlag bestimmte Mindestsätze erreichen muß (z. B. § 7 Abs. 1, 3, 4 der Vergleichsordnung), bleiben im übrigen unberührt.

§ 4. Eröffnung des Kriegsausgleichsverfahrens.

(1) Ob die Eröffnung des Kriegsausgleichsverfahrens wegen eines der Gründe abzulehnen ist, die in den §§ 17, 18 der Vergleichsordnung oder in den entsprechenden Vorschriften der Ausgleichsordnungen aufgeführt sind, entscheidet das Gericht nach billigem Ermessen.

(2) Voraussetzung für die Eröffnung des Kriegsausgleichsverfahrens ist jedoch stets, daß der Schuldner nach seinem Verhalten im geschäftlichen Verkehr sowie nach seiner Persönlichkeit Schonung verdient.

§ 5. Einschränkung von Bekanntmachungen.

(1) In einem Kriegsausgleichsverfahren, das nach Zahl und Höhe der Ausgleichsforderungen von geringerer Bedeutung ist, kann das Gericht von den in der Vergleichs- (oder Ausgleichs-) ordnung vorgeschriebenen öffentlichen Bekanntmachungen absehen.

(2) Das gleiche gilt auch in anderen Fällen, wenn kein Anlaß besteht, an der Vollständigkeit und Richtigkeit des vom Schuldner eingereichten Gläubigerverzeichnisses zu zweifeln, und das Unterbleiben der öffentlichen Bekanntmachung nach der gesamten Sachlage der Billigkeit entspricht.

§ 6. Entscheidung über den Ausgleichsvorschlag.

(1) Sollten bei einem Ausgleichsvorschlag, der keinen Erlaß, sondern lediglich eine Stundung der Ausgleichsforderungen vorsieht, die zur Annahme des Vorschlags erforderlichen Mehrheiten nicht erreicht werden, so kann der Richter den Ausgleich durch Beschluß dennoch für verbindlich erklären, wenn dies nach den Umständen des Falls der Billigkeit entspricht.

(2) Der Richter kann hierbei hinsichtlich der Dauer der Stundung sowie hinsichtlich der Nebenabreden (z. B. über die Stellung von Sicherheiten) von dem Ausgleichsvorschlag abweichen, soweit dies notwendig ist, um eine gerechte Regelung für alle Beteiligten herbeizuführen.

(3) Vor dieser Entscheidung (Abs. 1, 2) soll der Richter den Ausgleichsschuldner, den Ausgleichsverwalter und den Gläubigerbeirat hören.

(4) Der für verbindlich erklärte Ausgleich hat dieselbe Wirkung wie ein Ausgleich, der angenommen und bestätigt ist.

§ 7. Regelung der Miete oder Pacht für die Geschäftsräume.

Stellt der Ausgleichsschuldner den Antrag, die Miete oder die Pacht für die in seinem Gewerbebetrieb benutzten Räume und Grundstücke und zugehörigen Wohnräume auf Grund des § 4 der Verordnung über die Vertragshilfe des Richters aus Anlaß des Krieges vom 30. November 1939 (Reichsgesetzbl. I S. 2329) herabzusetzen, so ist hierüber außerhalb des Ausgleichsverfahrens zu entscheiden; bei dieser Entscheidung bleibt § 1 Abs. 3 der vorerwähnten Verordnung außer Betracht.

Zweiter Abschnitt.

Schlußvorschriften.

§ 8. Aufhebung der Konkursbeschränkung.

Artikel 7 der Verordnung über Maßnahmen auf dem Gebiete des bürgerlichen Streitverfahrens, der Zwangsvollstreckung, des Konkurses und des bürgerlichen Rechts vom 1. September 1939 (Reichsgesetzbl. I S. 1656) wird aufgehoben.

§ 9. Anträge von Juden.

Personen, die Juden sind oder als Juden gelten (§ 5 der Ersten Verordnung zum Reichsbürgergesetz vom 14. November 1935, Reichsgesetzbl. I S. 1333), sind nicht berechtigt, die Eröffnung des Kriegsausgleichsverfahrens zu beantragen.

§ 10. Anwendung im Protektorat Böhmen und Mähren.

(1) Im Protektorat Böhmen und Mähren kann das Kriegsausgleichsverfahren nach dieser Verordnung von Personen beantragt werden, die nicht Protektoratsangehörige sind.

(2) Wenn der Antragsteller nicht Protektoratsangehöriger ist, sind im Protektorat Böhmen und Mähren die deutschen Gerichte für das Kriegsausgleichsverfahren zuständig.

§ 11. Vorbehalt wegen der Ostgebiete.

Die Inkraftsetzung dieser Verordnung in den Ostgebieten, die im § 1 der Verordnung vom 16. Oktober 1939 (Reichsgesetzbl. I S. 2108) bezeichnet sind, bleibt vorbehalten.

§ 12. Durchführungsvorschriften.

(1) Der Reichsminister der Justiz erläßt die Vorschriften zur Durchführung und Ergänzung dieser Verordnung durch Rechtsverordnung oder im Verwaltungsweg. Er kann Zweifelsfragen im Verwaltungsweg entscheiden.

(2) Der Reichsminister der Justiz bestimmt den Zeitpunkt des Außerkrafttretens dieser Verordnung.

Der Generalbevollmächtigte für die Reichsverwaltung.

Verordnung über die Bewilligung von Zahlungsfristen in Rechtsstreitigkeiten

Vom 7. Oktober 1939 (RGBl. I S. 2004).

Der Ministerrat für die Reichsverteidigung verordnet mit Gesetzeskraft für das Gebiet des Großdeutschen Reichs:

§ 1. Zahlungsfrist.

(1) Wird ein Anspruch auf eine Geldleistung oder aus einer Hypothek, Grundschuld oder Rentenschuld, der aus einem vor dem 1. September 1939 begründeten Rechtsverhältnis entstanden ist, in einem Rechtsstreit geltend gemacht, so kann das Prozeßgericht auf Antrag des Beklagten eine Zahlungsfrist bis zur Dauer von drei Monaten bewilligen.

(2) Der Antrag kann auch schriftlich gestellt werden und unterliegt nicht dem Anwaltszwang. Der Antrag ist auch im Versäumnisverfahren zu berücksichtigen.

(3) Eine Zahlungsfrist ist nur zu bewilligen, wenn sie im Interesse des Schuldners dringend geboten und dem Gläubiger nach Lage der Verhältnisse zumutbar ist.

(4) Die Frist kann für den gesamten Anspruch oder für einen Teil des Anspruchs bewilligt werden; die Bewilligung kann von der Erfüllung bestimmter Auflagen, insbesondere der Leistung einer Sicherheit, abhängig gemacht werden.

(5) Die Zahlungsfrist wirkt wie eine vom Gläubiger bewilligte Stundung.

§ 2. Rechtsmittel.

(1) Die Entscheidung über den Antrag auf Bewilligung einer Zahlungsfrist kann selbständig mit der sofortigen Beschwerde angefochten werden, sofern der Wert des Anspruchs, für den die Zahlungsfrist bewilligt oder abgelehnt worden ist, den Betrag von 500 Reichsmark übersteigt.

(2) Über die Beschwerde entscheidet das Gericht, das zur Entscheidung über eine in der Sache selbst eingelegte Berufung zuständig wäre. Gegen die Entscheidung des Beschwerdegerichts ist ein weiteres Rechtsmittel nicht zulässig.

(3) Wird das Urteil in der Sache selbst durch Rechtsmittel angefochten, so ist das Rechtsmittelgericht an eine vorher er-

gangene Entscheidung über die Bewilligung oder Ablehnung einer Zahlungsfrist nicht gebunden.

(4) In der Ostmark, im Reichsgau Sudetenland und im Protektorat Böhmen und Mähren tritt an die Stelle der sofortigen Beschwerde der Rekurs.

§ 3. Kostenerstattung.

War der geltend gemachte Anspruch nach Grund und Höhe unstreitig und haben die Parteien nur über die Art und die Dauer der Zahlungsfrist gestritten, so kann das Gericht die Kosten ganz oder teilweise gegeneinander aufheben, wenn dies nach Lage der Sache und mit Rücksicht auf die Verhältnisse der Beteiligten der Billigkeit entspricht.

§ 4. Geltungsbereich, Durchführungs- und Ergänzungsvorschriften.

(1) Im Protektorat Böhmen und Mähren gilt diese Verordnung auch für das Verfahren vor den Gerichten des Protektorats.

(2) Der Reichsminister der Justiz erläßt die Vorschriften zur Durchführung und Ergänzung dieser Verordnung durch Rechtsverordnung oder im Verwaltungsweg. Er kann sich ergebende Zweifelsfragen im Verwaltungsweg entscheiden.

Der Vorsitzende des Ministerrats für die Reichsverteidigung.

Der Generalbevollmächtigte für die Reichsverwaltung.

Der Reichsminister und Chef der Reichskanzlei.

Gewährung von Beihilfen zur Mietzahlung bei gewerblichen Räumen des Handels

RdErl. d. RWiM. v. 30. 12. 1939 — S 5/25996/39 (RMBliV. 1940 S. 185).

I. (1) Um die volkswirtschaftlich gerechtfertigte Erhaltung von Handelsbetrieben, die ordnungsgemäße Erfüllung der Mietverpflichtungen gegenüber den Grundeigentümern und die laufenden Zahlungen gegenüber dem Grundkredit zu gewährleisten, bestimme ich im Einvernehmen mit dem RFM. und dem RMdJ., daß Inhaber von Handelsbetrieben auf Antrag zur Bestreitung der Miete oder Pacht aus Verträgen, die sie vor dem

1. 9. 1939 über den von ihnen gewerblich genutzten Raum geschlossen haben, eine Beihilfe erhalten können.

(2) Die Beihilfe kann gewährt werden, wenn der Handeltreibende infolge eines Umsatzrückganges aus Anlaß des Krieges auch bei angemessener Berücksichtigung seiner sonstigen Mittel nicht in der Lage ist, seine laufenden Miet- oder Pachtverpflichtungen weiterhin in vollem Umfange zu tragen, ohne daß die Weiterführung oder die spätere Wiedereröffnung seines Betriebes gefährdet wird.

II. Eine Beihilfe darf nicht gewährt werden, wenn der Handeltreibende

a) in der Zeit vom 1. 1. 1937 bis 1. 9. 1939 während mindestens drei auch nicht zusammenhängender Monate Wohlfahrtsunterstützung oder Arbeitslosenunterstützung bezogen hat, weil aus dem Unternehmen eine selbständige Existenz nicht gewährleistet ist, oder

b) schon vor dem 1. 9. 1939 nicht in der Lage war, ohne Gefährdung des Unternehmens den steuerlichen Verpflichtungen aus dem Handelsbetrieb und den laufenden Verpflichtungen der Gefolgschaft gegenüber regelmäßig nachzukommen, oder von der Gewerbe- oder Einkommensteuer freigestellt war oder

c) zum Heeresdienst einberufen ist und für den Handelsbetrieb eine Unterstützung nach dem Familienunterstützungsgesetz[1]) erhält.

III. (1) Die Beihilfe wird als Zuschuß zu der bei dem verringerten Umsatz noch tragbaren Miete oder Pacht soweit gewährt, daß 80 v. H. der vertraglichen Miete oder Pacht gedeckt sind.

(2) Tragbare Miete oder Pacht ist der Betrag, den der Mieter oder Pächter nach seinem Umsatz und unter angemessener Berücksichtigung seiner sonstigen Mittel selbst aufbringen kann. Der nach dem Umsatz selbst aufzubringende Betrag ergibt sich aus einem Hundertsatz des Umsatzes, der von mir für die einzelnen Geschäftszweige in einem besonderen Erlaß festgesetzt wird.

(3) Bei der vertraglichen Miete oder Pacht bleibt eine Herabsetzung, die nach dem 31. 8. 1939 im Hinblick auf die Auswirkungen des Krieges vorgenommen wurde oder noch vorgenommen wird, außer Betracht.

---

[1]) Vgl. nunmehr das Einsatz-Familienunterhaltsgesetz vom 26. Juni 1940 (RGBl. I S. 911).

(4) Sind Wohnräume wegen ihres wirtschaftlichen oder räumlichen Zusammenhanges mit dem Geschäftsbetrieb mit diesen zusammen vermietet oder verpachtet, so sind bei Anwendung dieser Vorschriften die Wohnräume den gewerblichen Räumen gleichzusetzen, falls der Mietwert der Wohnräume hinter dem Mietwert der gewerblich genutzten Räume zurückbleibt.

IV. (1) Inhaber von Handelsbetrieben, welche vor dem 1. 9. 1939 Eigentümer des von ihnen bereits zu diesem Zeitpunkt gewerblich benutzten Grundstücks waren, können eine Beihilfe zur Bestreitung ihrer mit dem Grundstück verbundenen Lasten erhalten. Wird das Grundstück außer für den Handelsbetrieb noch in anderer Weise benutzt, so wird die Beihilfe für den Anteil der Lasten gewährt, der bei Zugrundelegung des Mietwerts auf die vom Eigentümer für den Handelsbetrieb benutzten Teile des Grundstücks entfällt.

(2) Die Lasten dürfen nicht höher angesetzt werden als der Mietwert des von dem Eigentümer gewerblich benutzten Grundstücks oder Grundstücksteils.

(3) Die Vorschriften unter I—III sind entsprechend anzuwenden.

V. Die Vorschriften dieses Runderlasses finden auf gewerbliche Garagenbetriebe entsprechend Anwendung.

VI. Ein Rechtsanspruch auf die Beihilfe wird auch durch die Bewilligung nicht begründet.

VII. (1) Anträge auf Grund von Ziff. I sind über den Leiter der jeweils zuständigen Wirtschaftsgruppe oder den von diesem bestimmten Leiter einer bezirklichen oder fachlichen Untergliederung an die nach dem Gesetze zum Schutze des Einzelhandels[1]) zuständige Stelle erster Instanz zu richten.

(2) Die zuständige Stelle entscheidet über die Anträge nach Abs. 1 endgültig.

VIII. (1) Die Beihilfe kann unmittelbar dem Vermieter oder Verpächter ausbezahlt werden, wenn die bestimmungsgemäße Verwendung der Beihilfe nicht gewährleistet erscheint.

(2) Der Antragsteller ist verpflichtet, eine wesentliche Besserung der dem Antrag zugrunde liegenden wirtschaftlichen Ver-

---

[1]) Vgl. RGBl. 1933 I S. 262, 493; 1934 I S. 523, 1241; 1935 I S. 589.

hältnisse umgehend der zuständigen Stelle mitzuteilen. Diese kann jederzeit eine Nachprüfung der Voraussetzungen zur Weitergewährung der Beihilfe vornehmen. Der Antragsteller hat der zahlenden Kasse auf Verlangen nachzuweisen, daß er den bezuschußten Verpflichtungen mindestens bis zur Höhe von 80 v.H. nachgekommen ist.

IX. (1) Die Beihilfe kann zurückgefordert werden, wenn sich die Verhältnisse des Antragstellers so wesentlich gebessert haben, daß ihm eine Zurückzahlung der gewährten Beihilfe, gegebenenfalls in angemessenen Raten zugemutet werden kann.

(2) Die Beihilfe kann ferner zurückgefordert werden, wenn der Antragsteller

a) zur Erreichung der Beihilfe wissentlich falsche Angaben über eine Tatsache gemacht hat, die für die Entscheidung erheblich gewesen ist;

b) die Beihilfe nicht zur Begleichung der Miet- oder Pachtverpflichtungen oder zur Bestreitung der mit dem Grundstück verbundenen Lasten verwendet hat;

c) die Beihilfe trotz wesentlicher Besserung seiner wirtschaftlichen Verhältnisse infolge Unterlassung der Mitteilung (Ziff. VIII Abs. 2 Satz 1) bezogen hat.

(3) Das Zurückforderungsrecht ist in dem Bewilligungsbescheid vorzubehalten.

X. Über die Durchführung dieses Runderlasses, insbesondere über die haushalts-, kassen- und rechnungsmäßige Behandlung der Beihilfen bei den Verw.-Behörden, ergehen besondere Anweisungen.

Gewährung von Beihilfen zur Mietzahlung bei gewerblichen Räumen des Handels; hier: Durchführungsrichtlinien

I. RdErl. d. RWiM. v. 30. 1. 1940 — S 5/25 110/40 (RMBliV S. 265).

Zur Durchführung des RdErl. v. 30. 12. 1939 — S 5/25 996/39 (RWMBl. 1940 S. 6; RMBliV. 1940 S. 185) über Gewährung von Beihilfen zur Mietzahlung bei gewerblichen Räumen des Handels bestimme ich folgendes.

I. (1) Voraussetzung für die Gewährung der Beihilfe ist nach Ziff. I des RdErl. das Vorhandensein eines Umsatzrückganges aus Anlaß des Krieges. Zur Feststellung dieses Umsatzrückganges ist der Umsatz, den der Antragsteller in der Zeit vom 1. 9. 1939 bis einschl. des Monats vor der Stellung des Antrages (Bemessungszeitraum) gehabt hat, mit dem Umsatz zu vergleichen, den der Antragsteller in der entsprechenden Zeit vom 1. 9. 1937 an (Vergleichszeitraum) gehabt hat. Wird also z. B. der Antrag im Februar 1940 gestellt, so ist der Umsatz in der Zeit vom 1. 9. 1933 bis 31. 1. 1940 mit dem Umsatz in der Zeit vom 1. 9. 1937 bis 31. 1. 1938 zu vergleichen. Der Bemessungszeitraum bleibt jedoch auf die Zeit von 12 Monaten vor dem Monat, in dem der Antrag gestellt ist, beschränkt. Wird also z. B. die Beihilfe im November 1940 beantragt, so ist nur der Umsatz in der Zeit vom November 1939 bis Oktober 1940 einschließlich heranzuziehen. Als Vergleichszeitraum gilt dann stets das Kalenderjahr 1938.

(2) Liegt ein Umsatzrückgang vor, so ist der prozentuale Anteil der im Vergleichszeitraum vertragsmäßig zu zahlenden Miete an dem Umsatz im Vergleichszeitraum festzustellen.

(3) Mit dem für den Vergleichszeitraum ermittelten Hundertsatz ist nunmehr die nach dem Umsatz im Bemessungszeitraum von dem Antragsteller selbst zu tragende Miete zu ermitteln. Beträgt die so errechnete Miete 80 v. H. oder mehr der vertraglichen Miete im Bemessungszeitraum, so kann eine Beihilfe nicht gewährt werden. Liegt sie unter 80 v. H., so ist der Unterschied zwischen der vom Antragsteller selbst zu tragenden Miete und 80 v. H. der vertraglichen Miete zu errechnen. Der Unterschiedsbetrag, umgerechnet auf den einzelnen Monat, stellt, vorbehaltlich von Änderungen, die sich aus der Berücksichtigung der „sonstigen Mittel" des Antragstellers ergeben können (vgl. Ziff. II), die monatlich zu gewährende Beihilfe dar.

Beispiel 1:

Antrag auf Gewährung einer Beihilfe im Februar 1940:

a) Umsatz im Bemessungszeitraum (1. 9. 1939 bis 31. 1. 1940 = 5 Monate) . . . . . . 40000 RM.

b) Umsatz im Vergleichszeitraum (1. 9. 1937 bis 31. 1. 1938 = 5 Monate) . . . . 50000 RM.

c) Miete im Vergleichsraum (5 Monate) . 1500 RM.

d) Anteil der Miete am Umsatz im Vergleichszeitraum . . . . 3 v. H.
e) Vom Antragsteller zu tragende Miete (3 v.H. von 40000 RM.) . . . . 1200 RM.
f) 80 v.H. der Miete im Bemessungszeitraum (1500 RM.) . . . . 1200 RM.

Eine Beihilfe kann also nicht gewährt werden.

Beispiel 2:

Antrag auf Gewährung einer Beihilfe im März 1940:
a) Umsatz im Bemessungszeitraum (1. 9. 1939 bis 29. 2. 1940 = 6 Monate) . . . . 30000 RM.
b) Umsatz im Vergleichszeitraum (1. 9. 1937 bis 28. 2. 1938 = 6 Monate) . . . . 50000 RM.
c) Miete im Vergleichszeitraum (6 Monate) . 1500 RM.
d) Anteil der Miete am Umsatz des Vergleichszeitraums . . . . 3 v.H.
e) Vom Antragsteller zu tragende Miete (3 v.H. von 30000 RM.) . . . . 900 RM.
f) 80 v.H. der Miete im Bemessungszeitraum (1500 RM.) . . . . 1200 RM.
Unterschied für 6 Monate . . . . 300 RM.
" " 1 Monat . . . . 50 RM.

Es kann also eine Beihilfe von monatlich 50 RM. gewährt werden.

(4) Nach Ziff. I des RdErl. v. 30. 12. 1939 wird die Beihilfe nur für die laufenden Mietverpflichtungen gewährt. Sie kann also in dem vorstehenden Beispiel nicht für die Zeit vor dem 1. 3. 1939 bewilligt werden.

(5) In den vorstehenden Beispielen ist davon ausgegangen, daß die Miete im Vergleichs- und Bemessungszeitraum gleich hoch war. Ist das nicht der Fall, so ist die jeweils am Ende des Vergleichs- und des Vermessungszeitraums geltende Miete maßgeblich. In dem vorstehenden Beispiel 2 ist also in Ziff. c die im Februar 1938 und in Ziff. f die im Februar 1940 geltende Miete mit 6 vervielfältigt anzusetzen. Eine nach dem 31. 8. 1939 im Hinblick auf die Auswirkungen des Krieges vorgenommene Herabsetzung der vertraglichen Miete bleibt jedoch außer Betracht (vgl. Ziff. III des RdErl.).

(6) Bei Betrieben, welche im Vergleichszeitraum noch nicht

bestanden haben, ist von den Verhältnissen in vergleichbaren Betrieben auszugehen. Bei der Berechnung der Beihilfe ist unter Berücksichtigung der Verhältnisse in vergleichbaren Betrieben ein für den Bemessungszeitraum angemessener Anteil der Miete am Umsatz einzusetzen. Mit diesem Anteilsatz ist die vom Antragsteller zu tragende Miete zu ermitteln. Diese Art der Berechnung kann auch bei Betrieben angewandt werden, deren Struktur sich gegenüber dem Vergleichszeitraum erheblich geändert hat oder bei denen der Vergleichszeitraum aus anderen beachtlichen Gründen für die Berechnung der Beihilfe nicht geeignet ist.

(7) Für Pachtverhältnisse gelten die vorstehenden Bestimmungen entsprechend.

(8) Im Falle der Ziff. IV des RdErl. kann eine Beihilfe zur Bestreitung der mit dem Grundstück verbundenen Lasten gewährt werden. Als mit dem Grundstück verbundene Lasten sind anzusehen: die laufenden Hypotheken- und Grundschuldzinsen (keine Tilgungsbeträge) sowie die aus dem Grundstück zu entrichtenden laufenden Aufwendungen (Steuern, Gebühren und Instandhaltungskosten). Bei den Instandhaltungskosten ist der Durchschnitt der Jahre 1935 bis 1939 einschl. zugrunde zu legen.

(9) Ist das Grundstück hoch belastet, so ist zu prüfen, ob die Lasten den Mietwert der gewerblich benutzten Räume überschreiten. Gegebenenfalls ist der niedrigere Mietwert maßgebend.

(10) In der Ostmark, im Sudetengau, im Memelgebiet und den früher hierzu, jetzt zum Altreich gehörigen Bezirken ist von dem prozentualen Anteil der Miete und Pacht im Kalenderjahr 1939 auszugehen.

Beispiel:

Antrag auf Gewährung einer Beihilfe im Februar 1940:

a) Umsatz im Bemessungszeitraum (1. 9. 1939 bis 31. 1. 1940 = 5 Monate)	25000 RM.
b) Umsatz im Vergleichszeitraum (Jahr 1939 = 12 Monate)	100000 RM.
c) Miete im Vergleichsraum (12 Monate) . .	3000 RM.
d) Anteil der Miete im Vergleichsraum . . .	3 v. H.
e) Vom Antragsteller zu tragende Miete (3 v. H. von 25000 RM.)	750 RM.

f) 80 v.H. der Miete im Bemessungszeitraum
(1250 RM.) . . . . 1000 RM.
Unterschied für 5 Monate . . . . 250 RM.
" " 1 Monat . . . . 50 RM.

Es kann also eine Beihilfe von monatlich 50 RM. gewährt werden.

(11) Von der Festsetzung eines Hundertsatzes des Umsatzes für die einzelnen Geschäftszweige (vgl. Ziff. III Abs. 2 des RdErl.) habe ich vorläufig Abstand genommen.

II. Nach Ziff. I und III des RdErl. sind auch „sonstige Mittel" des Gewerbetreibenden zu berücksichtigen. Hat dieser z. B. noch wesentliche Einnahmen aus privatem Kapital oder Grundbesitz, so kann der nach dem Umsatz selbst aufzubringende Mietsatz heraufgesetzt werden. In diesem Falle tritt also eine Ermäßigung der Beihilfe oder ein völliger Wegfall derselben ein. Bei der Prüfung der Anträge ist davon auszugehen, daß das Betriebskapital und die Reserven insoweit erhalten bleiben müssen, daß die Weiterführung bzw. Wiedereröffnung des Betriebes zu einem späteren Zeitpunkt möglich bleibt. Im Zuge der Betriebseinschränkungen und Stillegungen werden voraussichtlich durch die Verwertung der Warenvorräte ohne entsprechende Neubeschaffung von Waren wesentliche Teile des Betriebskapitals frei und die flüssigen Mittel entsprechend zunehmen. Die Bezahlung der Miete und Pacht aus dem Betriebskapital kann nur unter Berücksichtigung der Notwendigkeit, das Betriebskapital in angemessenem Umfange zu erhalten, als zumutbar angesehen werden. Die Gewährung der Beihilfe ist einzustellen, wenn es sich ergibt, daß der Bedachte mit Mitteln des Betriebskapitals oder der Reserven einen unangemessenen persönlichen Aufwand betreibt.

III. (1) Nach Ziff. VII des RdErl. sind die Anträge über die zuständigen Wirtschaftsgruppen an die nach dem Ges. zum Schutze des Einzelhandels zuständige Stelle erster Instanz zu richten. In den Gebieten, in denen das Ges. zum Schutze des Einzelhandels nicht eingeführt ist, sind die entsprechenden unteren Verw.-Behörden (Landräte, in den Stadtkreisen der Oberbürgermeister) zuständig. Die zuständigen Stellen können sich bei der Durchführung der Gemeinden oder der Gemeindeverbände bedienen. Es empfiehlt sich auch, die Industrie- und

Handelskammern in dem Verfahren gutachtlich zu hören. Die höheren Verw.-Behörden (Reg.-Präs. usw.) haben im Rahmen der Dienstaufsicht die einheitliche Durchführung des Verfahrens zu überwachen.

(2) Ich bemerke noch, daß die Gewährung der Beihilfe auf den Kreis der Mitglieder der Wirtschaftsgruppen innerhalb der Reichsgruppe Handel beschränkt ist.

IV. (1) Die zuständigen Stellen haben die geprüften Anträge den ihnen übergeordneten Dienststellen (Reg.-Präs. usw.) listenmäßig **bis zum 20. j. M.** (in besonderen, eilbedürftigen Fällen sofort) vorzulegen. Die Reg.-Präs. usw. weisen darauf die Reg.-Hauptkassen usw. zur Auszahlung der Beihilfen an; die Beihilfen werden dann unmittelbar durch die Reg.-Hauptkassen ausgezahlt. Die Reg.-Hauptkassen haben monatlich mit der Reichshauptkasse in Berlin nach den Richtlinien v. 26. 4. 1939 (RBesBl. S. 109) abzurechnen. Die Reg.-Hauptkassen usw. haben den rechnungsmäßigen Nachweis zu führen und Rechnung zu legen.

(2) Als Verbuchungsstelle für die Ausgaben wird Abschn. XVII Kap. 1 Tit. 1 der einmaligen Ausgaben des außerordentlichen Haushalts für das Rechnungsjahr 1939, Teil VI Unterteil 1 Buchungsabschn. 2 (Gewährung von Beihilfen zur Mietzahlung bei gewerblichen Räumen des Handels) bestimmt.

(3) Die Reg.-Präs. usw. haben mir ihren bis zum 31. 3. 1940 entstehenden Bedarf an Betriebsmitteln[1]) **bis zum 10. 3. 1940** und weiter **bis zum 10. 4., 10. 7. usw.** den für das Vierteljahr April/Juni, Juli/September usw. entstehenden Bedarf anzumelden (§§ 47ff. RWB.) und haben dabei auch die Höhe der Ausgaben mitzuteilen, die bis zum Ende des vorhergehenden Monats, getrennt nach Rechnungsjahren, entstanden sind.

II. RdErl. d. RWiM. vom 5. Dezember 1940 — S 28986/40 (RWMBl. S. 533)

Zur Durchführung der Runderlasse vom 30. Dezember 1939 — S⁵ 25996/39 — (RWMBl. 1940 S. 6) und vom 30. Januar 1940— S⁵ 25110/40 — (RWMBl. S. 59), betr. Gewährung von Beihilfen zur Mietzahlung bei gewerblichen Räumen des Handels, bestimme ich ergänzend folgendes:

[1]) Vgl. nunmehr Ziffer IV des RdE. vom 5. 12. 1940.

I

Eine Mietbeihilfe darf nicht gewährt werden, wenn das Unternehmen unabhängig von den Auswirkungen des Krieges wirtschaftlich nicht gesund ist. Als wirtschaftlich nicht gesund sind insbesondere Unternehmen anzusehen, die eine selbständige Existenz nicht gewährleisten.

II

Eine Mietbeihilfe kann auch dann gewährt werden, wenn der Miet- oder Pachtvertrag über einen gewerblich genutzten Raum nach dem 1. September 1939 abgeschlossen wurde. Voraussetzung ist jedoch bei einem Wechsel der gewerblichen Räume, daß der Mietpreis der neuen Geschäftsräume nicht höher ist als der Mietpreis der bisherigen Geschäftsräume.

III

Im Einvernehmen mit dem Herrn Reichsminister für Ernährung und Landwirtschaft erkläre ich mich damit einverstanden, daß auch an Betriebe des Saatgut-, Samen- und Futtermittel e i n z e l handels, obwohl sie nicht Mitglieder einer Wirtschaftsgruppe innerhalb der Reichsgruppe Handel sind, eine Mitbeihilfe gewährt wird. Die Anträge sind über die zuständige Wirtschaftskammer, Unterabteilung Einzelhandel, an die nach dem Gesetz zum Schutze des Einzelhandels zuständige Stelle erster Instanz zu richten (vgl. Ziff. VII des Runderlasses vom 30. Dezember 1939 — S 25 996/39).

Betriebe des Nährstands g r o ß handels, welche Mitglieder einer Fachschaft des Reichsnährstandes sind, können ebenfalls eine Mietbeihilfe erhalten. Die Anträge sind bei der zuständigen Fachschaft einzureichen und von dieser mit ihrer Stellungnahme über die zuständige Wirtschaftskammer, Unterabteilung Großhandel, an die nach dem Gesetz zum Schutze des Einzelhandels zuständige Stelle erster Instanz weiterzuleiten.

IV

Um eine rechtzeitige Bereitstellung der Betriebsmittel für Beihilfen zur Mietzahlung bei gewerblichen Räumen des Handels zu gewährleisten, haben die Regierungspräsidenten usw. ihren Bedarf an Betriebsmitteln künftig nicht mehr wie bisher bis zum 10. Januar, 10. April, 10. Juli und. 10. Oktober (vgl. Ziff. IV des vorerwähnten Runderlasses vom 30. Januar 1940), sondern bis zum 10. des letzten Vierteljahrsmonats für das kommende Vierteljahr, also bis zum 10. Dezember, 10. März, 10. Juni und 10. September für die Vierteljahre Januar bis März, April bis Juni usw. anzumelden. Wenn der Bedarf zur Zeit der Anmeldung noch nicht übersehen werden kann, so ist der Betrag zu schätzen. Anmeldungen von Fall zu Fall können nicht berücksichtigt werden. Nachforderungen sind tunlichst zu vermeiden.

D. Die Umwandlung von Wohnungen in Räume anderer Art.

Das Gesetz zur Änderung des Reichsmietengesetzes und des Mieterschutzgesetzes vom 18. April 1936 (RGBl. I S. 371) enthält nachstehende Ermächtigungsvorschrift:

Artikel III.

Der Reichsarbeitsminister kann bestimmen, daß in einer Gemeinde[1] die Umwandlung[2] von Wohnungen in Räume anderer Art, z. B. in Fabrikräume, Lagerräume, Werkstätten, Diensträume oder Geschäftsräume, der Genehmigung[3] der Gemeinde bedarf; die Genehmigung kann davon abhängig[4] gemacht werden, daß für den beanspruchten Raum neuer Wohnraum geschaffen oder der Gemeinde ein entsprechender Geldbetrag für diesen Zweck zur Verfügung gestellt wird. Der Reichsarbeitsminister kann über die Voraussetzung der Genehmigung[5] Näheres bestimmen. Mit Geldstrafe und mit Haft oder mit einer dieser Strafen wird bestraft, wer einer auf Grund von Satz 1 erlassenen Anordnung zuwiderhandelt[6].

1. Die Umwandlung von Wohnungen in Räume anderer Art ist — abweichend von dem grundsätzlichen **Verbot** anderer Zweckverwendung in § 2 Abs. 2 des seit 1. April 1933 außer Kraft gesetzten Reichswohnungsmangelgesetzes — weder allgemein verboten noch für alle Gemeinden des Reichs einheitlich geregelt.

Der Reichsminister bestimmt vielmehr auf Antrag der Gemeinde oder der Gemeindeaufsichtsbehörde die Gemeinden, in denen die Umwandlung von Wohnungen in Räume anderer Art der Genehmigung der Gemeinde bedarf. Der Antrag, der auf dem Dienstwege an den Reichsarbeitsminister zu richten ist, muß begründet sein und darf sich nicht nur auf unwesentliche Einzelfälle der Zweckentfremdung von Wohnräumen stützen.

Bis Ende 1940 sind auf Grund des Art. III zehn Verordnungen des Reichsarbeitsministers ergangen, in denen die 446 Gemeinden des Großdeutschen Reiches namentlich verzeichnet sind, in denen die Umwandlung von Wohnungen in Räume anderer Art genehmigungspflichtig ist; eine alphabetische Übersicht über diese Gemeinden findet sich im Reichsarbeitsblatt 1940 Teil V S. 234.

Soweit eine solche **Bestimmung der Gemeinde** durch Verordnung des Reichsarbeitsministers nicht vorliegt, ist die Umwandlung von Wohnungen in Räume anderer Art nicht beschränkt; die Gemeinden sind nicht befugt, von sich aus Beschränkungen einzuführen. Bisher sind ergangen:

Erste Verordnung vom 17. Juli 1936
Deutscher Reichsanz. Nr. 166 = Reichsarbeitsblatt I S. 227;
Zweite Verordnung vom 7. November 1936
Deutscher Reichsanz. Nr. 263 = Reichsarbeitsblatt I S. 301;
Dritte Verordnung vom 22. Februar 1937
Deutscher Reichsanz. Nr. 45 = Reichsarbeitsblatt I S. 46;
Vierte Verordnung vom 7. Juni 1937
Deutscher Reichsanz. Nr. 130 = Reichsarbeitsblatt I S. 141;
Fünfte Verordnung vom 18. August 1937
Deutscher Reichsanz. Nr. 197 = Reichsarbeitsblatt I S. 206;
Sechste Verordnung vom 20. Januar 1938
Deutscher Reichsanz. Nr. 19 = Reichsarbeitsblatt I S. 23;
Siebente Verordnung vom 27. Juli 1938
Deutscher Reichsanz. Nr. 175 = Reichsarbeitsblatt I S. 262;
Achte Verordnung vom 20. März 1939
Deutscher Reichsanz. Nr. 72 = Reichsarbeitsblatt I S. 168;
Neunte Verordnung vom 29. September 1939
Deutscher Reichsanz. Nr. 232 = Reichsarbeitsblatt I S. 478;
Zehnte Verordnung vom 17. Mai 1940
Deutscher Reichsanz. Nr. 117 = Reichsarbeitsblatt I S. 246.

Die Veröffentlichung der Verordnungen erfolgt im Deutschen Reichs- und Preußischen Staatsanzeiger; im Reichsarbeitsblatt erfolgt ihr Abdruck. Die Verordnungen, die bisher erlassen sind, zerfallen regelmäßig in drei Teile: Bezeichnung der Gemeinden (§ 1), Grundsätze für die Genehmigung (§ 2, vgl. unten 5), Inkrafttreten (§ 3). Wo eine Bestimmung über den Zeitpunkt des Inkrafttretens nicht vorliegt, tritt die VO. nach § 2 des Gesetzes über die Verkündung von Rechtsverordnungen vom 13. Okt. 1923 (RGBl. I S. 959) am Tage nach ihrer Veröffentlichung in Kraft.

Die Vorschrift des Art. III gilt seit dem Jahre 1939 sowohl in der Ostmark als auch in den sudetendeutschen Gebieten, § 1 Nr. 14 der Einführungsverordnung vom 28. Febr. 1939 (RGBl. I S. 382) — Österreich — und § 1 Nr. 23 der Einführungsverordnung vom 6. Mai 1939 (RGBl. I S. 955) — sudetendeutsche Gebiete. Für die eingegliederten Ostgebiete steht die Einführung zu erwarten.

2. Der Genehmigungszwang beschränkt sich auf die **Umwandlung** von Wohnungen in Räume anderer Art. Als Räume anderer Art sind in der Ermächtigungsvorschrift des Art. III und in den Verordnungen beispielsweise Fabrikräume, Lagerräume, Werkstätten, Diensträume oder Geschäftsräume aufgezählt. Jede Art der Nutzungsänderung, die eine Zweckentfremdung enthält, zählt hierher.

Die Umwandlung setzt eine bauliche Änderung der bisherigen Wohnräume nicht voraus (vgl. § 2 Ziff. 1 der VO., unten 5). Es genügt, wenn durch rechtliche oder tatsächliche Maßnahmen den bisherigen Wohnräumen der Charakter als Wohnung auf die Dauer — nicht nur vorübergehend — genommen wird. Als „Wohnung" im Sinne dieser Vorschrift gilt immer nur die abgeschlossene selbständige Wohnung, nicht der einzelne Wohnraum. Eine genehmigungspflichtige Umwandlung ist daher gegeben, wenn jemand die bisherigen Wohnräume insgesamt als Fremdenzimmer — ohne Küchenbenutzung — als Einzelzimmer vermietet; nicht genehmigungspflichtig ist dagegen die Vermietung einzelner Teile der Wohnung an Fremde. Zweck der Verordnung ist, die Erhaltung des Wohnraums für die selbständige Haushaltführung sicherzustellen, soweit nicht ein gewerbliches Raumbedürfnis oder das öffentliche Interesse an der Inanspruchnahme bestimmter Räume im Einzelfall den Vorzug verdient, vgl. die beiden Erlasse des Reichsarbeitsministers vom 14. Aug. und 16. Dez. 1936 (RABl. 1936 I S. 256 und 1937 I S. 17).

Bauliche Änderungen sind im Zusammenhang mit der beabsichtigten Umwandlung von Wohnungen in Räume anderer Art wohl möglich. Soweit aber ein völliger **Abbruch** des die Wohnungen enthaltenden Gebäudes in Frage kommt, tritt an die Stelle der Umwandlungsgenehmigung die Genehmigung des Abbruchs nach Maßgabe der Verordnung vom 3. April 1937 (RGBl. I S. 440), vgl. Staudinger-Kiefersauer, Vorbem. 207a vor § 535 sowie den Erlaß des Reichsarbeitsministers vom 25. Febr. 1938 (RArbBl. I S. 72). Zu beachten ist, daß die Verordnung über den Abbruch von Gebäuden für alle Gemeinden, also nicht nur für die gemäß Ermächtigung bestimmten Gemeinden Geltung hat. Soweit diese Verordnung nicht Platz greift, kann ein notwendiger Abbruch z. B. wegen Baufälligkeit des Gebäudes durch Versagung der Umwandlungsgenehmigung nicht verhindert werden, Malzahn, Deutscher Gemeindetag 1940, 353.

Die Umwandlung von Wohnungen in andere Räume ist nur dann genehmigungspflichtig, wenn die Änderung auf freiem Entschluß des Wohnungsinhabers beruht und nicht nur von vorübergehender Dauer ist. Deshalb ist die Genehmigung der Gemeinde nicht erforderlich, wenn die Inanspruchnahme — in der Regel nur vorübergehend — für andere als Wohnzwecke auf Grund des Reichsleistungsgesetzes, also auf Grund eines staatlichen Hoheitsaktes der zuständigen Bedarfsstelle im öffentlichen Interesse erfolgt, Reichsgesetz vom 1. Sept. 1939 (RGBl. I S. 1639), vgl. Malzahn, GrundE. 1940, 314.

3. Die **Genehmigung** der Gemeindebehörde ist von demjenigen einzuholen, der die Umwandlung der Wohnung in Räume anderer Art vornimmt; dies wird in der Regel der Hauseigentümer als der Verfügungsberechtigte sein, es kann aber auch der Mieter (Pächter, Nießbraucher) oder Untermieter sein. Eigentümer und Nutzungsberechtigter können nebeneinander verfügungsberechtigt und hinsichtlich der Erfüllung der Auflage Gesamtschuldner sein. Die Unterlassung der Einholung der Genehmigung begründet die Straffälligkeit des Verpflichteten, unten 6.

Die Erteilung oder Versagung der Genehmigung steht nicht im freien Ermessen der Gemeinde. Die auf Grund des Art. III erlassenen Verordnungen des Reichsarbeitsministers — oben 1 — enthalten in § 2 bestimmte Grundsätze, nach denen die Genehmigung von der Gemeindebehörde zu erteilen ist. Die Aufzählung der Ausnahmefälle in § 2 Nr. 3 und 4 — unten 5 — ist erschöpfend; eine Erweiterung der Ausnahmefälle ist den Gemeinden nicht gestattet. Die Erteilung der Genehmigung muß hiernach — und zwar ohne Auflagen — erfolgen

a) im Interesse des Verfügungsberechtigten zur Beseitigung einer offenbaren Unwirtschaftlichkeit des Hauses, § 2 Nr. 3 und

b) im Interesse der Rauminanspruchnahme zugunsten bestimmter öffentlicher Stellen, § 2 Nr. 4.

Zu a. Die **Unwirtschaftlichkeit** des Hauses muß offenbar, d. h. ohne besondere Ermittlungen und Berechnungen nachweisbar sein. Eine Unwirtschaftlichkeit ist ohne weitere Nachprüfung anzunehmen, wenn eine Erhöhung der Mieteinnahmen des Hauses zur Abwendung der Zwangsversteigerung oder Zwangsverwaltung des Grundstücks erforderlich und — wie man wohl hinzufügen darf — ausreichend ist; denn wenn auch nach erfolgter Umwandlung der Wohnung in Räume anderer Art die dadurch erzielte Miet(Pacht)preiserhöhung offensichtlich zur Abwendung der gerichtlichen Zwangsmaßnahmen nicht ausreicht, ist die Erteilung der Genehmigung nicht gerechtfertigt. Dabei ist zu beachten, daß der Erhöhung der Miet- und Pachtzinsen auch bei Nichtwohnräumen nach Ziffer 64—66 des RE. 184/37 — Kiefersauer, Reichsmietengesetz 6. Aufl. S. 191 — Grenzen gesetzt sind. Eine vorherige Fühlungnahme der Gemeindebehörde mit der Preisbehörde ist daher in Zweifelsfällen zweckmäßig.

Die Unwirtschaftlichkeit des Hauses ist weiterhin dann anzunehmen, wenn die geschuldete Gebäudeentschuldungsteuer — Gesetz zur Änderung der Vorschriften über die Gebäudeentschuldungsteuer vom 1. Dez. 1936 (RGBl. I S. 992) und vom 28. März und 23. April 1938 (RGBl. I S. 337, 409) — aus Billigkeitsgründen im Einzelfall erlassen ist. Maßgebend ist hierfür das Landesrecht. Bayern: Zweite Bekanntmachung zum Vollzug des Gesetzes über die Geldentwertungsabgabe vom 10. Aug. 1938 (GVBl. S. 259).

Als Beispiele für die Unwirtschaftlichkeit des Hauses bezeichnet die Verordnung: das Leerstehen der Räume, sofern dadurch ein erheblicher Miet(Pacht)zins verursacht wurde und die Vermietung zu unwirtschaftlichen Mietpreisen,

d. h. zu einem erheblich unter der gesetzlichen Miete oder dem dieser entsprechenden Mietzins. In beiden Fällen kann, muß aber nicht eine Unwirtschaftlichkeit des Hauses vorliegen. Wegen der Möglichkeit der Erhöhung unzureichender Mietzinsen vgl. Ziffer 40 ff. des RE. 184/37 des Reichskommissars für die Preisbildung, Kiefersauer, Reichsmietengesetz S. 173. Der Mietausfall infolge Leerstehens der Räume und die Mindereinnahme infolge niedriger Mieten muß in jedem Fall erheblich sein, wenn dadurch die Wirtschaftlichkeit des Hauses im ganzen beeinträchtigt werden soll.

Zu **b.** Nur die in § 2 Nr. 4 bezeichneten öffentlichen **Dienststellen** haben Anspruch auf Erteilung der Genehmigung der Umwandlung von Wohnungen in Räume anderer Art, wenn und insoweit die Umwandlung für dienstliche Zwecke notwendig ist.

Andere Behörden oder Stellen haben die Begünstigung nicht. Die Gemeinden sind nicht verpflichtet, die Genehmigung diesen nichtbegünstigten Behörden oder Stellen auflagefrei — unten 4 — zu erteilen; in besonderen Fällen kann die Gemeinde die Genehmigung auch ganz versagen.

Die begünstigten Dienststellen werden in § 2 Nr. 4 nicht gleichmäßig behandelt. Nur bei Anträgen der Deutschen Wehrmacht und der Deutschen Polizei einschließlich der Technischen Nothilfe bedarf es keines besonderen Nachweises der Notwendigkeit der Inanspruchnahme der Wohnräume für die Zwecke der Wehrmacht und der Polizei. Es genügt die von der Antragstellerin zur Begründung geltend gemachte Zweckverwendung.

Für die NSDAP., den Reichsarbeitsdienst und für die Inanspruchnahme als Luftschutzraum gilt dagegen die Einschränkung, daß die „Unvermeidbarkeit der Inanspruchnahme" von den in Satz 3 bezeichneten übergeordneten Amtsstellen bescheinigt werden muß. Ohne solche Bescheinigung kann und darf die Gemeinde die Umwandlung von Wohnräumen nicht genehmigen. Neben der NSDAP. sind auch die Gliederungen der Partei begünstigt; zu den Gliederungen gehören nur SA., SS, NSKK., Hitlerjugend, NS.-Studentenbund, NS.-Dozentenbund und NS.-Frauenschaft. Die der Partei angeschlossenen Verbände sind nicht begünstigt; nur die NS.-Volkswohlfahrt ist ausdrücklich ausgenommen und als solche bevorzugt. Nicht begünstigt ist daher z. B. der NS.-Lehrerbund und die Deutsche Arbeitsfront. Das NSFK. ist zwar keine Gliederung der Partei, sondern eine selbständige Körperschaft des öffentlichen Rechts; da ihr aber nach Ziff. V des Führer-Erlasses vom 17. April 1937 (RGBl. I S. 529) die gleichen Vergünstigungen wie den Gliederungen der Partei zustehen, wird das NSFK. auch hier als begünstigt anzusehen sein.

Die Umwandlung von Wohnungen in Luftschutzräume ist regelmäßig Aufgabe der Polizei; der Reichsluftschutzbund ist im allgemeinen nur gutachtlich tätig. Soweit die Gemeinde selbst, z. B. für öffentliche Luftschutzräume Sorge zu tragen hat, wird sie über die Notwendigkeit der Maßnahme selbst in eigener Zuständigkeit zu befinden haben.

Für alle begünstigten Stellen gilt der Grundsatz, daß die Inanspruchnahme von Wohnraum nur in besonders dringenden Fällen erfolgen soll, also unvermeidlich ist. Dies gilt ganz besonders jetzt, da sowohl während des Krieges als auch nach dem Kriege mit einer Verschärfung der Wohnungsnot zu rechnen ist.

4. Die Erteilung der Genehmigung kann unter einer **Auflage** erfolgen. Ob die Gemeinde die Genehmigung mit oder ohne Auflage erteilen will, steht zunächst in ihrem freien Ermessen. Soweit die Voraussetzungen der Nr. 3 und 4 des § 2 VO. — unten 5 — vorliegen, ist die Gemeinde verpflichtet, die Genehmigung auflagefrei zu erteilen. Im übrigen aber wird grundsätzlich daran festzuhalten sein, daß der durch die Inanspruchnahme von Wohnraum unvermeidliche Verlust durch Erstellung neuen Wohnraums auszugleichen ist und daß die Gemeinde in erster Linie in Zeiten der Einschränkung der Neubautätigkeit, die während des Krieges aus Mangel an Arbeitskräften und Baustoffen unvermeidbar ist, für die Bereitstellung neuen Wohnraums Vorsorge zu treffen hat. Diese Vorsorge der Gemeinde geht im Rahmen des Art. III auf die Ansammlung zweckgebundener Baugelder, soweit nicht die Umwandlung des Wohnraums und damit dessen Verlust durch Versagung der Genehmigung verhindert werden kann.

Die Auflage des Genehmigungsbescheids verpflichtet den Antragsteller, d. h. den Verfügungsberechtigten — oben 3 — entweder

a) zur Schaffung neuen Wohnraums oder

b) zur Zahlung einer entsprechenden Geldsumme.

Die Gemeinde hat die Wahl, ob sie die Schaffung des Ersatzraums oder die Zahlung der Ablösungssumme verlangen will.

Die Schaffung neuen Wohnraums ist zur Zeit während der Einschränkungen des Baustoffmarktes und bei dem Mangel an Arbeitskräften nicht ohne weiteres möglich. Nur in Fällen, in denen der Verpflichtete in der Lage ist, den Ersatzraum alsbald zu erstellen, ist eine dahingehende Auflage am Platze; im übrigen kommt derzeit nur die Zahlung einer Ablösungssumme in Betracht. Die Vornahme der Ersatzbauten ist im übrigen auch bei Auflageerteilung nicht gleichbedeutend mit der Verpflichtung zur Übernahme der Bauherrschaft (Bauträgerschaft); der Auflage wird auch durch die Übernahme der Spitzenfinanzierung des Bauvorhabens — etwa bis zur Höhe der sonst zu entrichtenden Ablösungssumme — genügt, vgl. Malzahn, Deutscher Gemeindetag 1940, 354.

Wichtiger erscheint gegenwärtig die Auferlegung einer zur Herstellung des verloren gegangenen Wohnraums erforderlichen Ablösungssumme. Die an sich bestehende Wechselbeziehung zwischen der neu zu erstellenden und der in Anspruch genommenen Wohnung wird durch die Vorschrift in § 2 Nr. 2 Satz 2 VO. — unten 5 — nach der Richtung unterbrochen, daß nicht die Gleichartigkeit, sondern die Dringlichkeit des Bedarfs an Wohnraum für die Unterbringung der minderbemittelten Bevölkerung für die Höhe der Ablösungssumme maßgebend sein soll. Es kann also unter Umständen die Zahlung einer Geldsumme verlangt werden, die die Kosten der Herstellung der aufgegebenen Wohnung nicht unerheblich übersteigt. Nur besonders schwierige Wohnverhältnisse einer Gemeinde werden indes ein solches Verlangen rechtfertigen. Im übrigen bleibt die Ablösungssumme in jedem Falle zweckgebunden, d. h. die Mittel müssen dem Wohnungsbau zugeführt, dürfen also nicht für den Finanzbedarf der Gemeinde verwendet werden.

Im Rahmen dieser Vorschriften kann die Gemeinde den Umständen des Einzelfalles durch Ermächtigung der Ablösungssumme Rechnung tragen. Nach einer im Jahre 1937 veranstalteten Umfrage — Malzahn, Deutscher Gemeindetag 1940, 354 — forderten die größeren Städte durchschnittlich 1000 bis 5000 RM. je Wohnung, Berlin 1000 bis 1200 RM. je Wohnraum.

Da die Auflage einen Bestandteil der nach Satz 1 erlassenen Anordnung darstellt, ist die Nichterfüllung der Auflage als Zuwiderhandlung gemäß Satz 3 strafbar, unten 6. Eine unmittelbare Erzwingung der Auflage ist nach allgemeinen Verwaltungsgrundsätzen auch ohne ausdrückliche Vorschrift möglich, vgl. Kiefersauer Deutsche Justiz 1939, 1270.

Zweckmäßig erscheint es, die Erfüllung der Auflage vor Erteilung der Genehmigung sicherzustellen und zwar dadurch, daß entweder die Barzahlung oder die Hinterlegung des festgesetzten Ablösungsbetrages verlangt wird. Soweit ausnahmsweise auf Schaffung neuen Wohnraums trotz der gegenwärtigen Schwierigkeiten der Bautätigkeit nicht verzichtet werden will, muß die Gemeinde auf die Sicherstellung der Verpflichtung Bedacht nehmen; in Fällen, in denen die Vornahme der Erstellung des Ersatzraumes in absehbarer Zeit nicht ausführbar und eine ausreichende Sicherstellung nicht möglich ist, muß dem Verpflichteten von vornherein die Zahlung einer bestimmten Ablösungssumme auferlegt werden.

Der Wortlaut des Art. III, wonach die Genehmigung von der Schaffung eines Ersatzraums oder der Zahlung einer Ablösungssumme „abhängig gemacht werden kann", läßt die Annahme zu, daß die Genehmigung unter der entsprechenden Bedingung erfolgen kann. Die rechtliche Unterscheidung zwischen Bedingung und Auflage — vgl. hierüber Kiefersauer, Grundstückverkehrsrecht, 2. Aufl. S. 111 — ist hier ohne praktische Bedeutung, da eine rechtsgeschäftliche Tätigkeit des Verpflichteten nicht in Frage kommt. Die Nichterfüllung der Verpflichtung ist strafbar, Satz 3.

Die Entscheidung der Gemeindebehörde über die Versagung der Genehmigung oder die Erteilung der Genehmigung unter Auflage unterliegt der **Dienstaufsichtsbeschwerde,** die an keine Frist gebunden ist. Die Dienstaufsichtsbehörde ist zur Abänderung des Bescheides auch zum Nachteil des Beschwerdeführers befugt.

5. Die **Grundsätze der Genehmigung** — oben 1 — sind für die Gemeinden bindend. Es ist zu beachten, daß seit Erscheinen der Ersten Verordnung — vgl. Staudinger-Kiefersauer, Vorbem. 207 vor § 535 — der Kreis der Stellen, zu deren Gunsten die Genehmigung auflagefrei zu erteilen ist, sich ständig erweitert. Die Neufassung des § 2 der Zehnten (letzten) Verordnung gilt auch für jene Gemeinden, die in einer der früheren Verordnungen genannt sind; vgl. Malzahn, GrundE. 1940, 315. Die Bestimmung hat folgenden Wortlaut:

§ 2.

Für die Genehmigung gelten folgende Grundsätze:

1. *Eine Umwandlung im Sinne dieser Verordnung liegt auch vor, wenn Wohnungen ohne bauliche Änderungen für andere als Wohnzwecke verwendet werden.*
2. *Die Genehmigung kann mit der Auflage gegeben werden, daß für den beanspruchten Raum neuer Wohnraum geschaffen oder der Gemeinde ein entsprechender Geldbetrag gezahlt wird. Bei der Bemessung der Höhe dieses Geldbetrages ist nicht lediglich von den Kosten der Herstellung einer gleichartigen Wohnung auszugehen; vielmehr sind die Herstellungskosten einer Wohnung zugrunde zu legen, für die in der betreffenden Gemeinde ein besonderes Bedürfnis besteht und die zur Unterbringung von minderbemittelten Familien geeignet ist. Die gezahlten Geldbeträge sind für diese Zwecke zu verwenden.*
3. *Die Genehmigung ist zu erteilen, wenn eine offenbare Unwirtschaftlichkeit des Hauses vorliegt, namentlich wenn die Räume längere Zeit leergestanden haben oder zu einem Mietzins vermietet sind, der erheblich unter der gesetzlichen Miete, oder bei Räumen, für die das Reichsmietengesetz nicht gilt, erheblich unter einem der gesetzlichen Miete entsprechenden Mietzins liegt. Eine Unwirtschaftlichkeit des Hauses ist immer dann anzunehmen, wenn bereits aus Billigkeitsgründen die auf Grund des Gesetzes über den Geldentwertungsausgleich bei bebauten Grundstücken erhobene Steuer erlassen ist oder wenn eine Erhöhung der Einnahmen zur Abwendung einer Zwangsversteigerung erforderlich ist.*
4. *Die Genehmigung ist zu erteilen, falls der Wohnraum für Zwecke der Wehrmacht oder der Deutschen Polizei einschl. der Technischen Nothilfe in Anspruch genommen werden soll. Das gleiche gilt für eine unvermeidbare Inanspruchnahme von Wohnraum durch die Nationalsozialistische Deutsche Arbeiterpartei einschließlich ihrer Gliederungen, die NS.-Volkswohlfahrt e. V. und die Dienststellen des Reichsarbeitsdienstes sowie bei der Umwandlung von Wohnungen, namentlich Kellerwohnungen, in Luftschutzräume. Dabei ist die Unvermeidbarkeit der Inanspruch-*

nahme zu bescheinigen: für die Nationalsozialistische Deutsche Arbeiterpartei einschließlich ihrer Gliederungen und die NS.-Volkswohlfahrt e. V von dem Reichsschatzmeister der NSDAP.; für die Dienststellen des Reichsarbeitsdienstes von dem Reichsarbeitsführer; für Luftschutzräume von dem Reichsminister der Luftfahrt und Oberbefehlshaber der Luftwaffe oder der von ihm bestimmten Stelle.

Zu Nr. 1: Der Begriff der „Umwandlung" ist oben 2 erläutert.

Zur Auslegung der Nr. 2 wird auf die Ausführungen oben 4 verwiesen.

Die zur Klarstellung des Begriffes der „Unwirtschaftlichkeit des Hauses" in Nr. 3 erforderlichen Ausführungen finden sich oben 4 Buchst. a. Wegen der Vorzugsstellung der in Nr. 4 bezeichneten öffentlichen Dienststellen vgl. oben 4 Buchst. b. In den Fällen der Nr. 3 und 4 muß die Genehmigung auflagefrei von der Gemeinde erteilt werden, sofern die Voraussetzungen dieser Ziffern vorliegen.

6. Die **Zuwiderhandlung** ist gegeben, wenn in einer der vom Reichsarbeitsminister bestimmten Gemeinden — oben 1 — eine Wohnung ohne Genehmigung in einen Wohnraum umgewandelt wird. Die Strafe trifft den Täter, der in der Regel mit dem Verfügungsberechtigten — oben 3 — identisch ist. Wird die Genehmigung nachträglich erteilt, so kann die Gemeinde an die Erteilung der Genehmigung Auflagen — oben 4 — für den Verpflichteten knüpfen.

Wird die Genehmigung unter Auflage erteilt, so ist die Nichterfüllung der Auflage als Zuwiderhandlung gegen die Anordnung auf Grund der Ermächtigung nach Satz 1 gleichfalls unter Strafe gestellt, auch wenn eine ausdrücklich dahingehende Vorschrift wie z. B. in § 9 der Grundstückverkehrsbekanntmachung fehlt.

E. Die Änderung des Reichsmietengesetzes.

Vorbemerkung.

1.

Die ordnungsgemäße Instandhaltung der Miethäuser auch während des Krieges liegt, wie bereits S. 42 dargelegt wurde, im öffentlichen Interesse, da die Erhaltung wertvollen Volksvermögens in Frage kommt. Die Unterlassung ausführbarer Instandsetzungsarbeiten durch den Vermieter stellt deshalb nicht nur einen Verstoß gegen die Preisstopverordnung dar, der die Strafbarkeit des nach dem Mietvertrag oder nach dem Gesetz (§§ 535, 536 BGB.; § 20 RMG.) verpflichteten Vermieters begründet, sondern rechtfertigt auch die nach den Umständen des Einzelfalles gebotenen Verwaltungszwangsmaßnahmen zur Sicherung der Durchführung der notwendigen Instandsetzungsarbeiten.

Die Rechtsgrundlage für diese Zwangsmaßnahmen bildet § 6 RMG. — Kiefersauer, Reichsmietengesetz 6. Aufl. S. 40 —, eine Vorschrift, die zwar nach Abs. 4 auch für Räume gilt, für die nicht die gesetzliche Miete tatsächlich gezahlt wird, die aber immerhin nur insoweit zur Anwendung gebracht werden kann, als der Geltungsbereich des Reichsmietengesetzes reicht. Das Verwaltungszwangsverfahren nach § 6 RMG. konnte daher in der bisherigen Fassung auf Gebäude und Gebäudeteile, die reichsrechtlich nach § 16 RMG. (z. B. Neubauten, Räume gemeinnütziger Wohnungsunternehmen) oder landesrechtlich nach §§ 21, 22 RMG. (z. B. teuere Wohnungen) außerhalb des Geltungsbereiches des Reichsmietengesetzes gestellt worden sind, nicht angewendet werden. Damit war aber für eine nicht unerhebliche Zahl instandsetzungsbedürftiger Räume die zwangsweise Durchführung von Instandsetzungsarbeiten unmöglich gemacht.

2.

Die vom Reichsarbeitsminister im Reichs- und Staatsanzeiger Nr. 20 vom 24. Januar 1941 veröffentlichte Begründung zu dem Gesetz zur Änderung des Reichsmietengesetzes vom 15. Januar 1941 bemerkt zu der oben dargestellten Begrenzung des Verwaltungszwangsverfahrens:

„Es hat sich herausgestellt, daß dieser Geltungsbereich zu eng ist. Dies zeigte sich besonders auch bei den im Verlaufe des letzten Winters infolge Frostes und ungenügender Beheizung entstandenen Gebäudeschäden, deren Beseitigung besonders dringlich war. Es ist daher erforderlich, auch bei Neubauten und größeren Altwohnungen die Durchführung von notwendigen Instandsetzungsarbeiten in gleicher Weise sicherzustellen wie nach § 6 des Reichsmietengesetzes. Das Bedürfnis hierfür ergibt sich namentlich auch aus den Kriegsverhältnissen, welche in besonderem Maße ein zwangsweises Eingreifen notwendig machen, um Schäden zu beseitigen und die Entstehung weiteren Schadens zu verhindern. Aber auch mit Rücksicht auf die betroffenen Mieter ist es erforderlich, die vorhandene Lücke bei der zwangsweisen Durchführung notwendiger Instandsetzungsarbeiten zu schließen. Die Rücksicht auf den Krieg gebietet es, bei diesen Mietern das Gefühl der Benachteiligung und mangelnden Schutzes nicht erst aufkommen zu lassen.

Aus diesem Grunde soll die Vorschrift auch auf Räume erstreckt werden, für die das Reichsmietengesetz nicht gilt. Ausgenommen bleiben sollen lediglich die in § 16 Nr. 3 bezeichneten Räume in Gebäuden des Reichs, eines Landes (Reichsgaues) oder einer sonstigen Körperschaft des öffentlichen Rechts sowie in Gebäuden, die im Eigentum oder in der Verwaltung der NSDAP., ihrer Gliederungen und angeschlossenen Verbände stehen und deren Zwecken oder zur Unterbringung von deren Angehörigen zu dienen bestimmt sind oder bestimmt werden. Eine zwangsweise Durchführung notwendiger Instandsetzungsarbeiten gemäß § 6 soll auch weiterhin grundsätzlich nur bei Wohnräumen möglich sein. Es gibt jedoch auch Instandsetzungen, die nur einheitlich für ein Gebäude vorgenommen werden können, wie z. B. die Beseitigung von Rohrbrüchen oder Mängeln der Zentralheizung. In diesen Fällen müssen, sofern ein Gebäude Wohnungen und Geschäftsräume enthält, auch die notwendigen Instandsetzungsarbeiten in den Geschäftsräumen mit vorgenommen werden, wenn dem Wohnraummieter Abhilfe zuteil werden soll, und es muß auch auf die Miete der Geschäftsräume zurückgegriffen werden. Von der Ausdehnung des § 6 sind daher nur die

(Geschäfts-) Räume in Gebäuden ausgenommen, die lediglich Geschäftsräume enthalten."

3.

Auf Grund der Neufassung des § 6 Abs. 4 RMG. ist demgemäß — abweichend vom bisherigen Recht — die zwangsweise Durchführung notwendiger Instandsetzungsarbeiten nunmehr möglich:

1. bei Neubauten oder durch Um- oder Einbauten neugeschaffenen Räumen, wenn sie nach dem 1. Juli 1918 bezugsfertig geworden sind oder künftig bezugsfertig werden;
2. bei Wohnungen, die durch Teilung einer Wohnung oder durch Umbau von gewerblichen oder sonstigen Räumen als räumlich und wirtschaftlich selbständige Wohnungen gewonnen worden sind, soweit die Teilung oder der Umbau nach dem 1. Juli 1918 erfolgt ist oder in Zukunft erfolgt;
3. bei Wohnungen, die landesrechtlich auf Grund der §§ 21, 22 RMG. von Reichsmietengesetz freigestellt sind oder werden z. B. die sog. teueren Wohnungen und Mischräume der § 1 Preuß. u. Bayer. AusfBest. — Kiefersauer, Reichsmietengesetz 6. Aufl. S. 79, 91 —;
4. bei Räumen solcher Wohnungsunternehmen, die als gemeinnützig anerkannt sind;
5. bei Untermietverhältnissen. Einem Untermietverhältnis steht es gleich, wenn ein Hauseigentümer oder jemand, der einen Raum auf Grund eines Erbbaurechts, Nießbrauchs oder eines ähnlichen Rechtsverhältnisses innehat, einen Teil des von ihm selbst im Hause benutzten Raumes vermietet;
6. bei Räumen, die für besondere Zwecke zu vorübergehendem Gebrauch vermietet sind und
7. bei Räumen, die nur mit Rücksicht auf ein zwischen den Vertragsteilen bestehendes Dienst- oder Arbeitsverhältnis vermietet sind, es sei denn, daß es sich um Gebäude der in § 6 Abs. 4 Satz 2 bezeichneten Art handelt, vgl. 5, 6 zu § 6.

Das Verwaltungszwangsverfahren gilt an sich grundsätzlich nur für Wohnräume und Mischräume. Die Einbeziehung von Geschäftsräumen ist möglich, wenn und soweit die Durchführung von Instandsetzungsarbeiten zugunsten der Wohnungsinhaber die Ausdehnung der Maßnahmen auf die im Hause befindlichen Geschäftsräume verlangt. Demgemäß schließt Abs. 4

Satz 3 die Anwendung der Vorschriften auf Geschäftsräume nur dann aus, wenn das Gebäude ausschließlich Geschäftsräume, also keinerlei Wohnräume enthält.

Vom Verwaltungszwangsverfahren völlig freigestellt sind die in § 16 Ziff. 3 RMG. bezeichneten Gebäude öffentlicher Körperschaften mit der dort angegebenen Zweckverwendung; über den Rahmen dieser Bestimmung hinaus werden in § 6 Abs. 4 Satz 2 auch bestimmte Gebäude der der NSDAP. angehörenden Gliederungen und der ihr angeschlossenen Verbände von der Vorschrift des § 6 freigestellt.

Die Neuordnung gilt seit 27. Januar 1941, § 2.

Gesetz zur Änderung des Reichsmietengesetzes.

Vom 15. Januar 1941 (RGBl. I S. 37).

Die Reichsregierung hat das folgende Gesetz beschlossen, das hiermit verkündet wird:

§ 1

Das Reichsmietengesetz vom 24. März 1922 (Reichsgesetzbl. I S. 273) in der Fassung der Verordnung über die Änderung des Reichsmietengesetzes und des Mieterschutzgesetzes vom 20. April 1936 (Reichsgesetzbl. I S. 378, 380) § 6 erhält folgende Fassung[1]:

„§ 6

(1) Hat der Vermieter die Ausführung notwendiger Instandsetzungsarbeiten unterlassen, so hat eine von der obersten Landesbehörde zu bestimmende Stelle die sachgemäße Ausführung der Instandsetzungsarbeiten durch geeignete Anordnungen zu sichern. Sie kann insbesondere anordnen, daß die

Mieter einen entsprechenden Teil des Mietzinses nicht an den Vermieter, sondern an die Stelle selbst oder an eine andere Stelle zu entrichten haben, oder daß sie die Arbeiten selbst ausführen und einen entsprechenden Betrag des Mietzinses einbehalten können. Der Betrag, der auf Grund einer solchen Anordnung für Instandsetzungsarbeiten in Anspruch genommen wird, darf bei dem jeweils fälligen Mietzins einen Hundertsatz der Miete [2] nicht übersteigen, den der Reichsarbeitsminister bestimmt; insoweit erlischt der Anspruch des Vermieters; dies gilt auch für den Fall der Abtretung, Verpfändung oder Beschlagnahme der Mietzinsforderung.

(2) Vor einer Anordnung nach Absatz 1 sind beide Vertragsteile zu hören; gegen die Anordnung soll die Beschwerde vorgesehen werden.

(3) Die oberste Landesbehörde regelt das Verfahren im einzelnen. Sie kann anordnen, daß die Beträge von den Mietern wie Gemeindeabgaben beigetrieben werden können.

(4) Diese Vorschrift gilt auch für Räume, die nicht [3] dem Reichsmietengesetz unterliegen oder für die nicht die gesetzliche Miete gezahlt wird [4]. Sie findet jedoch keine Anwendung [5] auf Räume in Gebäuden, die im Eigentum oder in der Verwaltung des Reichs, eines Landes (Reichsgaues) oder einer sonstigen Körperschaft des öffentlichen Rechts stehen und entweder öffentlichen Zwecken oder zur Unterbringung von Angehörigen der Verwaltung des Reichs, des Landes (Reichsgaues) oder der Körperschaft zu dienen bestimmt sind oder bestimmt werden,

sowie[6] auf Räume in Gebäuden, die im Eigentum oder in der Verwaltung der NSDAP., ihrer Gliederungen und angeschlossenen Verbände stehen und deren Zwecken oder zur Unterbringung von deren Angehörigen zu dienen bestimmt sind oder bestimmt werden. Diese Vorschrift findet weiter keine Anwendung[7] auf Räume in Gebäuden, die lediglich Geschäftsräume enthalten."

§ 2

Das Gesetz tritt eine Woche nach seiner Verkündung in Kraft[8].

1. Die Neufassung der Vorschrift des § 6 durch das Abänderungsgesetz beschränkt sich im wesentlichen — vgl. aber unten 2 — auf die Vorschrift des Absatzes 4. Es gelten also grundsätzlich die Erläuterungen S. 40 bis 45 meines Reichsmietengesetzes, 6. Aufl. 1939.

Inhaltlich hat sich an dem **Verwaltungszwangsverfahren** nichts geändert. Die Neufassung des Abs. 4 hat dagegen eine erhebliche Erweiterung des Geltungsbereiches der Vorschrift des § 6 gebracht, vgl. Vorbem. 3.

Die landesrechtlichen Vorschriften zu § 6 RMG. gelten weiterhin, vgl. § 8 PreußAusfBest., § 6 BayAusfBest., Reichsmietengesetz S. 87, 97.

2. d. h. der vereinbarten oder der gesetzlichen Miete. Bisher hieß es „Hundertsatz der Friedensmiete". Die Abänderung hängt damit zusammen, daß das Verwaltungszwangsverfahren nunmehr auch auf Rechtsverhältnisse Anwendung findet, für die die Feststellung oder Festsetzung einer Friedensmiete nicht möglich ist, weil das Reichsmietengesetz keine Anwendung findet.

3. Das Reichsmietengesetz findet — im Gegensatz zu der erheblichen Ausdehnung des Mieterschutzrechts, vgl. Kriegsnotrecht S. 5, 13, 23 — auf zahlreiche Mietverhältnisse keine Anwendung. Die reichsrechtliche Einschränkung des Geltungsbereiches des RMG. bestimmt sich nach § 16 RMG.; die landesrechtliche Einschränkung gründet sich auf die §§ 21, 22 RMG., vgl. die §§ 1ff. Preuß. u. Bayer. AusfBest., Reichsmietengesetz S. 79, 91.

Trotz dieser grundsätzlichen Ausdehnung des Verwaltungszwangsverfahrens auf alle Mietverhältnisse bleiben bestimmte Rechtsverhältnisse von der Anwendung des § 6 befreit, unten 5, 6, 7.

4. Diese Bestimmung galt schon bisher, Reichsmietengesetz S. 42.

5. Die Ausnahmestellung der reichseigenen usw. Gebäude entspricht § 16 Ziff. 3 RMG., § 32 MSchG. Auf die Erläuterungen zu diesen Vorschriften wird verwiesen. Die den Ländern als Verwaltungsbezirken gleichstehenden Reichsgaue sind neu aufgenommen.

6. Über den Rahmen des § 16 RMG. hinaus wird außer den Gliederungen der Partei — Begriff S. 142 — auch den der Partei angeschlossenen Verbänden z. B. NS.-Lehrerbund, NS.-Volkswohlfahrt, Deutsche Arbeitsfront die Vorzugsstellung der Partei, die diese bereits als öffentliche Körperschaft nach Halbsatz 1 besitzt, eingeräumt. Das NSFK. ist keine Gliederung der Partei, sondern eine Körperschaft des öffentlichen Rechts.

7. Nur Gebäude, die ausschließlich reine Geschäftsräume enthalten, bleiben von Verwaltungszwangsverfahren frei, vgl. Vorbem. 2 u. 3.

8. Das Reichsgesetzblatt Nr. 8 ist am 20. Januar 1941 verkündet worden; die Neufassung des § 6 ist daher am 27. Januar 1941 in Kraft getreten.

Sachverzeichnis

Die Zahlen bedeuten die Seiten

Z.

FSC
www.fsc.org
MIX
Papier | Fördert
gute Waldnutzung
FSC® C083411

Kolibri 360 GmbH
Ferdinand-Jühlke-Straße 7
99095 Erfurt, Deutschland
produktsicherheit@kolibri360.de